Can I become a beefsteak?

Margaret Helliwell

Trügerische Wörter zum Nachschlagen und Üben

Deutsch – Englisch

Cornelsen & Oxford University Press

Verfasserin:	Margaret Helliwell
Redaktion:	Jim Abram
Herstellung:	Mike Brain, Oxford
Zeichnungen:	Elsie Lennox, London

1. Auflage

| 7. 6. 5. 4. 3. | Die letzten Ziffern bezeichnen |
| 1997 96 95 94 93 | Zahl und Jahr des Druckes. |

Bestellnummer 54780

© 1989 Cornelsen & Oxford University Press GmbH,
Berlin

Originalausgabe erschienen bei:
Helliwell Institute of English, Brühl

ISBN   3-8109-5478-0
Vertrieb: Cornelsen Verlag, Berlin

Vorwort

Was sind das – „False Friends"?

Da Deutsch und Englisch bekanntlich verwandte Sprachen sind, haben sie manches gemeinsam. Es gibt deutsch-englische Wortpaare, die mehr oder weniger gleich aussehen, mehr oder weniger gleich klingen und mehr oder weniger die gleiche Bedeutung haben. Solche Wörter werden in diesem Buch *True Friends* genannt. Man kann sich auf sie verlassen.

True Friends
Haus = *house*
Thermometer = *thermometer*

Es gibt aber auch deutsche und englische Wörter, die zwar gleich oder ähnlich aussehen, gleich oder ähnlich klingen, die jedoch ganz verschiedene Bedeutungen haben. Diese Wörter werden in diesem Buch *False Friends* genannt. Man kann sich auf sie nicht verlassen.

False Friends
Meinung ≠ *meaning*
cf. **Meinung** = *opinion*
    meaning = **Bedeutung**

Nicht zuletzt deshalb, weil es eben so viele *True Friends* gibt, wird der Englisch lernende Deutsche nur allzu leicht von solchen Wörten irregeführt. So können Äußerungen entstehen, die mißverstanden werden oder sogar lächerlich sind. Das bekannteste Beispiel: Der deutsche Gast in einem englischen Restaurant fragt: „Can I become a beefsteak?"

'Can I become a beefsteak?'

Es gibt auch Wortpaare, die nur in einem bestimmten Zusammenhang die gleiche, sonst aber eine unterschiedliche Bedeutung haben. Solche Wörter werden in diesem Buch mit ◢ gekennzeichnet und besonders erläutert.

False Friend
isoliert (elektrisch) = *insulated*

True Friend
◢ **isoliert** (räumlich) = *isolated*

Can I become a beefsteak? soll dem Lernenden helfen, die wahren Freunde von den falschen zu unterscheiden. Jede Übung enthält *False Friends* und *True Friends*. Die Aufgabe liegt darin, die *False Friends* zu identifizieren und richtig zu übersetzen. So wird es dem Lernenden gelingen, die Tücken der *False Friends* zu erkennen und viele Mißverständnisse und peinliche Fehler zu vermeiden.

Abkürzungen
Abbreviations

AE	=	American English
BE	=	British English
Cf.	=	compare (vergleiche)
coll.	=	colloquial (Umgangssprache)
fig.	=	figurative (im übertragenen Sinne)
pl.	=	plural
sing.	=	singular
sl.	=	slang
vulg.	=	vulgar

ǂ	=	is not the same as (entspricht nicht)
=	=	is the same as (entspricht)

◢	=	words which can be False Friends or True Friends depending on the context

Contents

	Page
Nouns	
Exercises and Keys	7
Adjectives and Adverbs	
Exercises and Keys	115
Verbs	
Exercises and Keys	159
Index of False Friends	
Nouns	183
Adjectives	188
Verbs	190

1 Abstinenz — Altar

Which of the English words listed below is the nearest in meaning to the German word in brackets?

1 After six months . . . , he started to drink again.
   (**Abstinenz**)
2 When I complained, the manager just shrugged his . . .
   (**Achsel**)
3 His lawyer was able to prove that it had been a crime of . . .
   (**Affekt**)
4 The advertising . . .was a complete disaster. (**Aktion**)
5 Judging by his . . . , I would say he was from the north.
   (**Akzent**)
6 No whisky for me, thank you. I never touch . . . (**Alkoholika**)
7 A(n) . . . is a road between two rows of trees. (**Allee**)
8 This church has the oldest . . . in England. (**Altar**)

---

action	*passion*
altar	*alcohol*
effect	*accent*
abstinence	*axle*
avenue	*table*
campaign	*alcoholics*
dialect	*shoulders*
alley	*absence*

False friends

Achsel	╪	*axle*
Affekt	╪	*effect*
Aktion	╪	*action*
Alkoholika	╪	*alcoholics*
Allee	╪	*alley*

True friends

Abstinenz	=	*abstinence*
Akzent	=	*accent*
Altar	=	*altar*

Key Abstinenz — Altar

1 Nach sechs Monaten **Abstinenz** fing er wieder an zu trinken.

> = *abstinence*

2 Als ich mich beschwerte, zuckte der Geschäftsführer bloß mit den **Achseln**.

> = *shoulders*
> Cf. My car has a broken *axle*.
> = **Achse**

3 Sein Anwalt konnte beweisen, daß es eine **Affekt**handlung gewesen war.

> = *crime of passion*
> Cf. What *effect* will the medicine have?
> = **Wirkung**

4 Die Werbe**aktion** war eine Katastrophe.

> = *campaign*
> Cf. This *action* could have far-reaching consequences.
> = **Handlung**

5 Nach seinem **Akzent** zu urteilen, stammt er aus dem Norden.

> = *accent*

6 Danke, keinen Whisky für mich. **Alkoholika** rühre ich nicht an.

> = *alcohol* or *alcoholic drinks*
> Cf. *Alcoholics* should be pitied not scorned.
> = **Alkoholiker**

7 Eine **Allee** ist eine Straße zwischen zwei Reihen von Bäumen.

> = *avenue*
> Cf. An *alley* is a narrow street between buildings.
> = **Gasse**

8 Diese Kirche hat den ältesten **Altar** Englands.
   = *altar*

'No thank you. I never touch alcoholics.'

2 Ambulanz — Bank

Which of the English words listed below is the nearest in meaning to the German word in brackets?

1 The . . . is on the second floor of the hospital building (**Ambulanz**)
2 According to the . . . , the flat has three rooms, a kitchen and a bathroom. (**Annonce**)
3 I bought the clock in a(n) . . . shop in London. (**Antiquitäten**)
4 . . . is a strong poison. (**Arsen**)
5 Our neighbour is a good fellow in his . . . (**Art**)
6 You can win the game if you draw an . . . (**As**)
7 The refugee begged for political . . . (**Asyl**)
8 I lost my key and had to spend the night on a . . . in the park. (**Bank**)

---

asylum	bench
way	advertisement
art	safety
announcement	antiquity
bank	ambulance
arsenic	ass
ace	arson
antique	out-patients' department

False friends

◢ **Ambulanz**	ǂ	*ambulance*
◢ **Annonce**	ǂ	*announcement*
Arsen	ǂ	*arson*
Antiquität	ǂ	*antiquity*
Art	ǂ	*art*
As	ǂ	*ass*
◢ **Bank**	ǂ	*bank*

True friends

Asyl	=	*asylum*

Key Ambulanz — Bank

1 Die **Ambulanz** ist im zweiten Stock des
  Krankenhausgebäudes.
      = *out-patients' department*
◢   Cf. He was taken to hospital in an *ambulance*.
      = **Ambulanz, Krankenwagen**

2 Laut der **Annonce** hat die Wohnung drei Zimmer, Küche
  und Bad.
      = *advertisement*
      Cf. The boss made an *announcement* about his retirement.
      = **Ankündigung**
◢   **Heiratsannonce** = *wedding announcement*

3 Ich habe diese Uhr in einem **Antiquitäten**laden in London
  gekauft.
      = *antique*
      Cf. He has made a study of classical *antiquity*.
      = **Antike**

4 **Arsen** ist ein starkes Gift.
      = *arsenic*
      Cf. He was arrested for *arson*.
      = **Brandstiftung**

5 Unser Nachbar ist ein guter Kerl auf seine **Art**.
      = *way*
      Cf. It is amazing what they call *'art'* nowadays.
      =**Kunst**

6 Du kannst das Spiel gewinnen, wenn du ein **As** ziehst.
      = *ace*
      Cf. An *ass* (BE) has longer ears than a horse.
      = **Esel**
      I'd like to give him a kick in the *ass* (AE).
      = **Arsch**

7 Der Flüchtling bat um politisches **Asyl**.

    = *asylum*

8 Ich hatte meinen Schlüssel verloren und mußte die Nacht auf einer **Bank** im Park verbringen.

    = *bench*

    Cf. I went to sleep on the river *bank*.

    = **Ufer**

    The best place for your money is in the *bank*.

    = **Bank**

'I've drawn an ass.'

3 Baracken — Brücke

Which of the English words listed below is the nearest in meaning to the German word in brackets?

1 The explorers built the . . . for protection. (**Baracken**)
2 Skin-colour should not be a . . . to success in life. (**Barriere**)
3 The Americans call 10^{12} a . . . (**Billion**)
4 A fruit flan usually has a . . . base. (**Biskuit**)
5 It's unfair to call a woman a . . . simply because she is well-educated. (**Blaustrumpf**)
6 A cup of steaming . . . is always welcome on a cold day. (**Bouillon**)
7 A refreshing fruit . . . is just the thing on a warm summer's evening. (**Bowle**)
8 The engineers had to build a . . . before we could cross the river. (**Brücke**)

brook	biscuit
broth	million
intelligentsia	bullion
barracks	punch
sponge-cake	barrier
fence	billion
bluestocking	bridge
huts	bowl

False friends

Baracken	ǂ	*barracks*
▲ **Billion**	ǂ	*billion* (AE)
Biskuit	ǂ	*biscuit*
Bouillon	ǂ	*bullion*
Bowle	ǂ	*bowl*
Brücke	ǂ	*brook*

True friends

Barriere	=	*barrier*
Blaustrumpf	=	*bluestocking*

Key Baracken — Brücke

1 Die Forscher bauten die **Baracken** zum Schutz.
  = *huts*
  Cf. Unmarried soldiers live in the *barracks*.
  = **Kaserne**

2 Die Hautfarbe dürfte keine **Barriere** für den Erfolg im Leben sein.
  = *barrier*

3 Die Amerikaner sagen zu 10^{12} „**eine Million Millionen**".
  10^9 = D: **eine Milliarde**
      BE: *a thousand million, a billion*
      AE: *a billion*
  10^{12} = D: **eine Billion**
      BE: *a billion, a trillion*
      AE: *a million million, a trillion*

4 Eine Obsttorte hat meistens einen **Biskuit**boden.
  = *sponge-cake*
  Cf. I enjoy a *biscuit* with a cup of tea.
  = **Keks**

  Note: AE = 'cookie'

5 Es ist ungerecht, eine Frau „**Blaustrumpf**" zu nennen, bloß weil sie eine gute Ausbildung gehabt hat.
  = *bluestocking*

6 Eine dampfende Tasse **Bouillon** ist an einem kalten Tag immer willkommen.
  = *broth*
  Cf. The train was carrying gold *bullion*.
  = **Barren**

7 Eine erfrischende Obst**bowle** ist gerade das Richtige an einem warmen Sommerabend
> = *punch* or *cup*
> Cf. Let's give them a fruit *bowl* as a wedding present.
> = **Schale, Schüssel**

8 Die Pioniere mußten eine **Brücke** bauen, bevor wir den Fluß überqueren konnten.
> = *bridge*
> Cf. A *brook* is a small stream.
> = **Bach**

4 Büro — Dekan

Which of the English words listed below is the nearest in meaning to the German word in brackets?

1 After my promotion, I was given my own . . . (**Büro**)
2 His last . . . fired him for always being late. (**Chef**)
3 Every . . . must do his duty to his fellow men. (**Christ**)
4 Most of the shops and cinemas in this town are in the . . . (**City**)
5 A . . . knows how to behave correctly on all occasions. (**Dame**)
6 My young brother is a little . . . (**Dämon**)
7 Before you buy a car, you should compare the technical . . . of various models. (**Daten**)
8 A . . . can be a supervisor of priests or students. (**Dekan**)

---

bureau	office
dame	boss
deacon	Christ
chef	dean
dates	centre
city	demon
Christian	lady
trouble	data

False friends

◢ **Büro**	≠	*bureau*
Chef	≠	*chef*
Christ	≠	*Christ*
City	≠	*city*
Dame	≠	*dame*
◢ **Daten**	≠	*dates*
Dekan	≠	*deacon*

True friends

Dämon	=	*demon*

Key Büro — Dekan

1 Nach meiner Beförderung bekam ich ein eigenes **Büro**.
 = *office*
 Cf. I keep all my letters in the *bureau* (BE).
 = **Sekretär**
 bureau (AE)
 = **Kommode**

 Note: A government department or a large business
    office can be called a *bureau*.
    E.g. *Federal Bureau of Investigation, a travel bureau*

2 Sein letzter **Chef** feuerte ihn, weil er immer zu spät kam.
 = *boss*
 Cf. The *chef* is boss of the hotel kitchen.
 = **Küchenchef**

3 Jeder **Christ** muß seine Pflicht gegenüber seinen
Mitmenschen tun.
 = *Christian*
 Cf. *Christ* was born almost 2000 years ago.
 = **Christus**

4 Die meisten Geschäfte und Kinos in dieser Stadt sind in der
City.
 = *(town) centre* (BE), *downtown* (AE)
 Cf. Munich is a beautiful *city*.
 = **Großstadt**.

5 Eine **Dame** weiß, wie sie sich bei jeder Gelegenheit richtig
zu benehmen hat.
 = *lady*
 Cf. A *dame* is American slang for 'woman'.

 Note: In Great Britain *Dame* is a title bestowed on a
    woman by the king or queen.

6 Mein jüngerer Bruder ist ein kleiner **Dämon**.
   = *demon*

7 Vor dem Kauf eines Autos sollte man die technischen
   Daten verschiedener Modelle vergleichen.
   = *data*
   Cf. Which *dates* would suit you best?
   = **Termine, Daten**

   Note: *the date* = the day of the month
          a date = **eine Verabredung, ein Rendezvous**

8 Ein **Dekan** kann der Leiter von Priestern oder Studenten
   sein.
   = *dean*
   Cf. A *deacon* is an officer of the Christian church.
   = **Diakon, Gemeindehelfer**

'The chef has fired the waiter.'

5 Delikatesse — Existenz

Which of the English words listed below is the nearest in meaning to the German word in brackets?

1 Caviar is considered to be a . . . (**Delikatesse**)
2 The amount of a politician's . . . depends on his function. (**Diäten**)
3 The . . . has announced the firm's closure. (**Direktion**)
4 Cologne . . . is an impressive building. (**Dom**)
5 May I have your . . . to leave early? (**Erlaubnis**)
6 It says 'Bernkastler Riesling' on the . . . (**Etikett**)
7 Fill in the coupon and send for a free . . . of the magazine. (**Exemplar**)
8 A good job guarantees a secure . . . (**Existenz**)

---

allowance	*living*
delicacy	*example*
dome	*cathedral*
diets	*existence*
label	*copy*
etiquette	*management*
permission	*wages*
delicatessen	*direction*

False friends

Delikatesse	╪	*delicatessen*
◢ **Diäten**	╪	*diets*
Direktion	╪	*direction*
Dom	╪	*dome*
Erlaubnis	╪	*allowance*
Etikett	╪	*etiquette*
Exemplar	╪	*example*
◢ **Existenz**	╪	*existence*

Key Delikatesse — Existenz

1 Kaviar gilt als **Delikatesse**.
   = *delicacy*
   Cf. You can buy caviar at a *delicatessen*.
   = **Feinkostgeschäft**

2 Die Höhe der **Diäten** eines Politikers hängt von seiner
   Funktion ab.
   = *allowance*
   Cf. He has tried dozens of *diets* and he's still overweight.
   = **Schlankheitskuren, Diäten**

3 Die **Direktion** hat die Schließung der Firma angekündigt.
   = *management*
   Cf. In which *direction* should I go?
   = **Richtung**

4 Der Kölner **Dom** ist ein imposantes Gebäude.
   = *cathedral*
   Cf. The *dome* of St. Paul's cathedral gleamed in the
   sunlight.
   = **Kuppel**

5 Darf ich Ihre **Erlaubnis** haben, früher wegzugehen?
   = *permission*
   Cf. He gets a meagre *allowance* from his father.
   = **Taschengeld**

6 Auf dem **Etikett** steht „Bernkastler Riesling".
   = *label*
   Cf. The rules of *etiquette* change with the times.
   = **Etikette**

7 Füllen Sie den Coupon aus und lassen Sie sich ein
kostenloses **Exemplar** der Zeitschrift zusenden.
> = *copy*
> Cf. Let me give you an *example* of what I mean.
> = **Beispiel**

8 Ein guter Beruf garantiert eine sichere **Existenz**.
> = *living, livelihood*
> Cf. My whole *existence* depends on it.
> = **Leben**
> You can't ignore the *existence* of the problem.
> = **Existenz**

6 Experiment — Formular

Which of the English words listed below is the nearest in meaning to the German word in brackets?

1 Every scientific . . . on animals gives rise to controversy. (**Experiment**)
2 The new . . . will provide 100 jobs. (**Fabrik**)
3 Obstinacy is my greatest . . . (**Fehler**)
4 One of the symptoms of influenza is a high . . . (**Fieber**)
5 Lyn has such a good . . . she could be a model. (**Figur**)
6 . . . and two veg is a standard English meal. (**Fleisch**)
7 Modern houses usually have only a small . . . (**Flur**)
8 Would you please fill out this application. (**Formular**)

---

formula	*fabric*
flesh	*meat*
figure	*experiment*
body	*factory*
temperature	*hall*
attempt	*failure*
form	*floor*
fever	*fault*

False friends

Fabrik	≠	*fabric*
Fehler	≠	*failure*
◢ **Fieber**	≠	*fever*
◢ **Fleisch**	≠	*flesh*
Flur	≠	*floor*
Formular	≠	*formula*

True friends

Experiment	=	*experiment*
Figur	=	*figure*

Key Experiment—Formular

1 Jedes wissenschaftliche Tier**experiment** ruft eine
   Kontroverse hervor.
   =*experiment*

2 Die neue **Fabrik** wird 100 Arbeitsplätz schaffen.
   = *factory*
   Cf. The *fabric* of this coat is hard-wearing.
   = **Stoff**

3 Sturheit ist mein größter **Fehler**.
   = *fault*
   Cf. His first book was a *failure*.
   = **Mißerfolg**

   Note:
   to make a mistake = **einen Fehler machen**
   technical failure = **technisches Versagen**
   human error = **menschliches Versagen**

4 Eins der Symptome einer Grippe ist hohes **Fieber**.
   = *temperature*
   Cf. Yellow *fever* is a tropical illness.
   = **Fieber** (als Krankheit)

5 Lyn hat so eine gute **Figur**, sie könnte Fotomodell werden.
   = *figure*

6 **Fleisch** mit zwei Sorten Gemüse ist ein normales englisches
   Essen.
   = *meat* (Fleisch zum Essen)
   Cf. The spirit is willing but the *flesh* is weak.
   = **Fleisch**

7 Moderne Häuser haben normalerweise nur einen kleinen
   Flur.
   > = *hall*
   > Cf. At the party everyone sat on the *floor*.
   > = **Fußboden**
8 Bitte füllen Sie dieses Bewerbungs**formular** aus.
   > = *form*
   > Cf. H$_2$O is the chemical *formula* for water.
   > = **Formel**

7 Fotograf — Gift

Which of the English words listed below is the nearest in meaning to the German word in brackets?

1 A professional . . . was present at the wedding. (**Fotograf**)

2 The Labour . . . announced a vote of no-confidence. (**Fraktion**)

3 The . . . of a teacher is to help the pupils to learn. (**Funktion**)

4 We ate in a nice little . . . overlooking the Rhine. (**Gasthaus**)

5 Canteen food is seldom something to tickle the . . . (**Gaumen**)

6 Hard times often give rise to more . . . amongst people. (**Gemeinsinn**)

7 He's an absolute . . . at languages. (**Genie**)

8 Somebody put . . . in the ambassador's tea. (**Gift**)

---

guesthouse	*fraction*
photograph	*gift*
function	*poison*
palate	*gums*
common sense	*photographer*
genie	*faction*
work	*public spirit*
restaurant	*genius*

False friends

Fotograf	‡	*photograph*
Fraktion	‡	*fraction*
Gasthaus	‡	*guesthouse*
Gaumen	‡	*gums*
Gemeinsinn	‡	*common sense*
Genie	‡	*genie*
Gift	‡	*gift*

True friends

Funktion	=	*function*

Key Fotograf — Gift

1 Ein Berufs**fotograf** war bei der Hochzeit dabei.
      = *photographer*
      Cf. It's not a very good *photograph* of me.
      = **Fotografie, Bild**

2 Die Labour **Fraktion** kündigte einen Mißtrauensantrag an.
      = *faction, parliamentary group*
      Cf. We only got back a *fraction* of what he owed us.
      = **Bruchteil**

3 Die **Funktion** eines Lehrers ist es, den Schülern beim
Lernen zu helfen.
      = *function*

4 Wir aßen in einem netten kleinen **Gasthaus** mit Blick auf
den Rhein.
      = *restaurant* (mit Unterkunft = *hotel-restaurant*)
      Cf. A *guesthouse* is usually cheaper and friendlier than a
        hotel.
      = **Pension**

5 Kantinenessen ist selten etwas, was den **Gaumen** kitzelt.
      = *palate*
      Cf. Pyorrhoea is a disorder of the *gums*.
      = **Zahnfleisch**

6 In schlechten Zeiten entsteht oft ein besserer **Gemeinsinn**
unter den Menschen.
      = *public spirit*
      Cf. Parents need plenty of *common sense* when dealing
        with their children.
      = **gesunder Menschenverstand**

7 Er ist ein absolutes Sprach**genie**.

    = *genius*

    Cf. A magical spirit in Arab fairy stories is called a *genie*.

    = **Geist, Kobold**

8 Jemand hat dem Abgesandten **Gift** in den Tee getan.

    = *poison*

    Cf. We'd like to give him a farewell *gift*.

    = **Geschenk**

8 Glanz — Hochschule

Which of the English words listed below is the nearest in meaning to the German word in brackets?

1 The . . . of the sun hurts one's eyes. (**Glanz**)

2 At the end of the year all our employees receive a Christmas . . . (**Gratifikation**)

3 After she left the . . . , she went to study at university. (**Gymnasium**)

4 I'm not usually the sporty type but I enjoy . . . (**Gymnastik**)

5 I'm on my way to the hairdresser's to have my . . . cut. (**Haare**)

6 We can't go out this evening because we have a lot of . . . to do. (**Hausaufgaben**)

7 We have asked the . . . to take care of our flat. (**Hausmeister**)

8 Jim's gone to the States to teach at a . . . (**Hochschule**)

---

brightness	*grammar school*
high school	*bonus*
housework	*gymnasium*
hairs	*hair*
housemaster	*caretaker*
gratification	*homework*
glance	*university*
turning	*gymnastics*

False friends

Glanz	≠	*glance*
Gratifikation	≠	*gratification*
Gymnasium	≠	*gymnasium*
◢ **Haare**	≠	*hairs*
Hausaufgaben	≠	*housework*
Hausmeister	≠	*housemaster*
Hochschule	≠	*high school*

True friends

Gymnastik	=	*gymnastics*

Key Glanz — Hochschule

1 Der **Glanz** der Sonne tat den Augen weh.
>   = *brightness*
>   Cf. A *glance* at her face told me that she was pleased.
>   = **schneller Blick**

2 Zum Jahresende bekommen alle unsere Beschäftigten eine
Weihnachts**gratifikation**.
>   = *bonus*
>   Cf. He thinks only of the *gratification* of his senses.
>   = **Befriedigung**

3 Nachdem sie das **Gymnasium** verlassen hatte, ging sie auf
die Universität.
>   *grammar school*
>   Cf. The sports lesson will take place in the *gymnasium*
>   today.
>   = **Turnhalle**

>   Note: See also number 8

4 Ich bin sonst nicht sportlich, aber ich mache gern
Gymnastik.
>   = *gymnastics*

5 Ich gehe gerade zum Friseur, um mir die **Haare** schneiden
zu lassen.
>   = *hair*
>   Cf. His wife noticed some blond *hairs* on his jacket.
>   = (einzelne) **Haare**

6 Wir können heute abend nicht ausgehen, weil wir viele
Hausaufgaben zu machen haben.
>   = *homework*
>   Cf. There is a lot of *housework* to do for a big family.
>   = **Hausarbeit**

7 Wir haben den **Hausmeister** gebeten, auf unsere Wohnung aufzupassen.

   = *caretaker* (BE), *janitor* (AE)

   Cf. A *housemaster* is a substitute father for many boys.

   = **Hausleiter im Internat**

8 Jim ist in die Staaten gezogen, um an einer **Hochschule** zu unterrichten.

   = *university, college* (BE)

   Cf. He got bad marks in *high school* and couldn't go to university.

   = **Gymnasium** (BE), **Sekundarstufe** (AE)

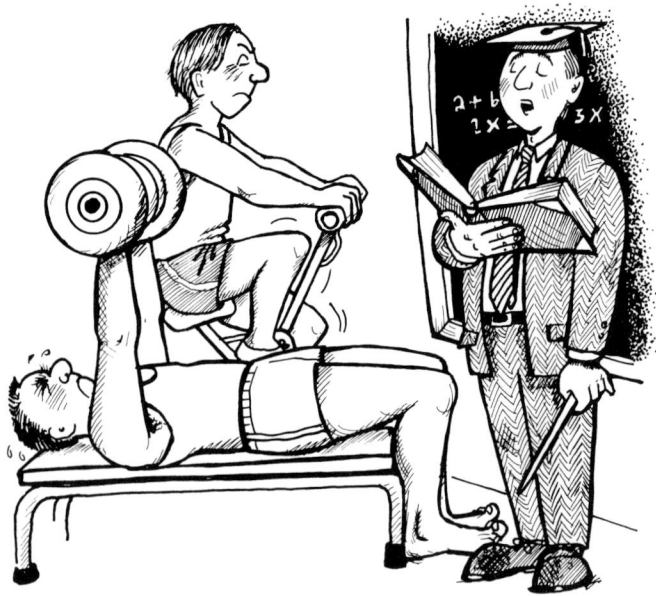

Pupils at a gymnasium

9 Horoskop — Isolierung

Which of the English words listed below is the nearest in meaning to the German word in brackets?

1 I don't believe my . . . but I read it anyway. (**Horoskop**)

2 My horse has a stone in its . . . (**Huf**)

3 The . . . is threatened with extinction. (**Igel**)

4 One loses many . . . as one gets older. (**Illusionen**)

5 Recently there has been a slump on the . . . market. (**Immobilien**)

6 It is considered a(n) . . . to ask a woman her age. (**Indiskretion**)

7 My insurance company wants a(n) . . . of all the missing items. (**Inventar**)

8 Good . . . in your house will help to save energy. (**Isolierung**)

---

indiscretion	*tactlessness*
immobility	*horoscope*
hoof	*isolation*
inventor	*foot*
real estate	*hedgehog*
eagle	*illusions*
astrology	*inventory*
insulation	*imaginings*

False friends

Igel	≠	*eagle*
Immobilien	≠	*immobility*
Inventar	≠	*inventor*
◢ **Isolierung**	≠	*isolation*

True friends

Horoskop	=	*horoscope*
Huf	=	*hoof*
Illusion	=	*illusion*
Indiskretion	=	*indiscretion*

Key Horoskop — Isolierung

1 Ich glaube nicht an mein **Horoskop**, aber ich lese es trotzdem.
   =*horoscope*

2 Mein Pferd hat einen Stein im **Huf**.
   = *hoof*

3 Der **Igel** ist vom Aussterben bedroht.
   = *hedgehog*
   Cf. The *eagle* is a rare bird.
   = **Adler**

4 Man verliert viele **Illusionen,** wenn man älter wird.
   = *illusions*

5 In letzter Zeit gab es eine Flaute auf dem **Immobilienmarkt**.
   = *real estate*
   Cf. *Immobility* of the workforce is a cause of unemployment.
   = **Unbeweglichkeit**

6 Es gilt als **Indiskretion**, eine Frau nach ihrem Alter zu fragen.
   = *indiscretion*

7 Meine Versicherungsfirma will ein **Inventar** von all den fehlenden Gegenständen haben.
   = *inventory*
   Cf. The Davy lamp is called after its *inventor* Sir Humphrey Davy.
   = **Erfinder**

8 Eine gute **Isolierung** Ihres Hauses trägt dazu bei, Energie
   zu sparen.
   = *insulation*
   Cf. Everyone fears loneliness and *isolation*.
   = **Isolierung** (räumliche Trennung)

10 Justiz — Kerbe

Which of the English words listed below is the nearest in meaning to the German word in brackets?

1 The . . . in some countries is very corrupt. (**Justiz**)
2 Who is the local Tory . . . in the next election? (**Kandidat**)
3 I've managed to get a . . . for the opera on Saturday. (**Karte**)
4 Do you have a bag for your shopping or do you need a . . . ? (**Karton**)
5 The judge has released him on . . . (**Kaution**)
6 Would you like a couple of . . . with your coffee? (**Kekse**)
7 Wine is best kept in a cool, moist . . . (**Keller**)
8 We cut a . . . in the bark of the tree as a sign for those following. (**Kerbe**)

bail	*card*
cakes	*cartoon*
politician	*cellar*
notch	*carton*
underground	*kerb*
justice	*ticket*
caution	*candidate*
biscuits	*legal system*

False friends

Justiz	╪	*justice*
Karte	╪	*card*
Kaution	╪	*caution*
Kekse	╪	*cakes*
Kerbe	╪	*kerb*

True friends

Kandidat	=	*candidate*
Karton	=	*carton*
Keller	=	*cellar*

Key Justiz — Kerbe

1 Die **Justiz** ist in manchen Ländern sehr korrupt.
   = *legal system*
   Cf. Some people say there is no *justice* in the world.
   = **Gerechtigkeit**

2 Wer ist der hiesige Tory **Kandidat** für die nächste Wahl?
   = *candidate*

3 Es ist mir gelungen, eine **Karte** für die Oper am Samstag zu
   bekommen.
   = *ticket*
   Cf. **Eintritts-, Fahrkarte**
   = *ticket*
   England looks very small on this *map*.
   = **Landkarte**
   The referee showed him the yellow *card*.
   = **Karte**

4 Haben Sie eine Tragetasche für Ihre Einkäufe oder
   brauchen Sie einen **Karton**?
   = *carton*

5 Der Richter hat ihn gegen **Kaution** entlassen.
   = *bail*
   Cf. Drive with *caution*!
   = **Vorsicht**

   Note: **Kaution** für eine Wohnung = *deposit*

6 Möchten Sie ein paar **Kekse** zu Ihrem Kaffee?
   = *biscuits* (BE), *cookies* (AE)
   Cf. Too many *cakes* will make you fat.
   = **Kuchen**

7 Wein bewahrt man am besten in einem kühlen, feuchten
   Keller auf.
      = *cellar*

8 Wir schnitten eine **Kerbe** in die Baumrinde als Zeichen für
   diejenigen, die hinter uns kamen.
      = *notch*
      Cf. He fell off the *kerb* and broke his ankle.
      = **Bordkante**

Birthday cakes

11 Kindergarten — Kommissionär

Which of the English words listed below is the nearest in meaning to the German word in brackets?

1 Children may attend this . . . from the age of three.
   (**Kindergarten**)
2 Many so-called souvenirs can only be described as . . .
   (**Kitsch**)
3 Ted stole a car and ended up in . . . (**Kittchen**)
4 'Loo' is a euphemism for '. . .' (**Klosett**)
5 . . . is a dangerous drug. (**Kokain**)
6 Our new . . . is turning out well. (**Kollege**)
7 The advertisement described it as a(n) . . . flat. (**Komfort**)
8 Arnold makes a good living as a(n) . . . (**Kommissionär**)

---

cocoa	*cocaine*
commissionaire	*clink*
primary school	*colleague*
comfort	*lavatory*
kitsch	*college*
kindergarten	*ornaments*
closet	*kitchen*
agent	*luxury*

False friends

Kittchen	≠	*kitchen*
Klosett	≠	*closet* (AE)
Kollege	≠	*college*
Komfort	≠	*comfort*
Kommissionär	≠	*commissionaire*

True friends

Kindergarten	=	*kindergarten*
Kitsch	=	*kitsch*
Kokain	=	*cocaine*

Key Kindergarten — Kommissionär

1 Kinder ab drei Jahren dürfen in diesen **Kindergarten**.
   = *kindergarten*

2 Viele sogenannte Andenken kann man nur als **Kitsch**
   bezeichnen.
   = *kitsch*

3 Ted stahl ein Auto und landete im **Kittchen**.
   = *clink* (sl.)
   Cf. A housewife spends a lot of time in the *kitchen*.
   = **Küche**

4 „Loo" ist ein beschönigender Ausdruck für „**Klosett**".
   = *lavatory*
   Cf. Your coat is in the *closet*.
   = **Wandschrank**

5 **Kokain** ist eine gefährliche Droge.
   = *cocaine*

6 Unser neuer **Kollege** macht sich gut.
   = *colleague*
   Cf. Sue is studying at a technical *college*.
   = **Hochschule**

7 Die Annonce beschrieb sie als eine **Komfort**wohnung.
   = *luxury*
   Cf. The money she received after his death was no
   comfort.
   = **Trost**

   Note: *with all mod. cons.* (modern conveniences)
   = **mit allem Komfort**

8 Arnold hat ein gutes Auskommen als **Kommissionär**.
  = (commission) *agent*
  Cf. The *commissionaire* held open the door for us.
  = **Portier, Türsteher**

Note: *commissioner* = **Beauftragter, Bevollmächtigter**

'I wish he'd go back to the kitchen!'

12 Komplex — Kost

Which of the English words listed below is the nearest in meaning to the German word in brackets?

1 It is remarkable how many people suffer from an inferiority . . . (**Komplex**)
2 The centre forward was in good . . . and played well. (**Kondition**)
3 Nowadays it is rare to find a qualified . . . (**Konfektionär**)
4 Which . . . do you belong to? (**Konfession**)
5 . . . is said to be the best means of price control. (**Konkurrenz**)
6 This year's doctors' . . . took place in Bristol. (**Konvent**)
7 I have already finished the . . . of my next book. (**Konzept**)
8 Hospital . . . can be pretty tasteless. (**Kost**).

---

confession	shape
competition	cost
draft	feeling
outfitter	concept
convent	condition
concurrence	denomination
confectioner	food
complex	convention

False friends

◢ **Kondition**	≠	*condition*
Konfektionär	≠	*confectioner*
Konfession	≠	*confession*
Konkurrenz	≠	*concurrence*
Konvent	≠	*convent*
Konzept	≠	*concept*
Kost	≠	*cost*

True friends

Komplex	=	*complex*

Key Komplex — Kost

1 Es ist erstaunlich, wieviele Menschen an einem
Minderwertigkeits**komplex** leiden.
   = *complex*

2 Der Mittelstürmer war in guter **Kondition** und spielte gut.
   = *shape*
   Cf. My old car is in terrible *condition*.
   = **Zustand**
   the *conditions* of a loan
   = **Konditionen**

3 Heutzutage findet man selten einen qualifizierten
Konfektionär.
   = *outfitter*
   Cf. A *confectioner* is a person who makes sweet things.
   = **Konditor**

   Note: *clothes off the peg, ready-to-wear clothes*
   = **Konfektionskleidung**

4 Welcher **Konfession** gehören Sie an?
   = *denomination*
   Cf. He made a *confession* to the police.
   = **Geständnis**

5 Die **Konkurrenz** soll das beste Mittel zur Preiskontrolle
sein.
   = *competition*
   Cf. There was a *concurrence* of opinions in the party.
   = **Übereinstimmung**

6 Der diesjährige Ärzte**konvent** fand in Brighton statt.
   = *convention*
   Cf. She was brought up in a *convent*.
   = **Nonnenkloster**

7 Ich habe das **Konzept** meines nächsten Buches schon
   fertig.
   > = *draft*
   > Cf. The *concept* of freedom can be interpreted in many
   > ways.
   > = **Begriff**

8 Krankenhaus**kost** kann ziemlich fad sein.
   > = *food*
   > Cf. The *cost* of living has increased enormously in recent
   > years.
   > = **Kosten**

13 Krabbe — List

Which of the English words listed below is the nearest in meaning to the German word in brackets?

1 . . . cocktail is a popular hors d'oeuvre. (**Krabbe(n)**)
2 Research has shown that women have more mental . . . than men. (**Kraft**)
3 A . . . from our bank will help you to fulfil all your wishes. (**Kredit**)
4 I can't bear . . . (**Kritik**)
5 The . . . in southern Germany is beautiful. (**Landschaft**)
6 Can you recommend any . . . on that subject? (**Lektüre**)
7 My eye . . . is swollen. I'd better go to the doctor. (**Lid**)
8 The villain used every possible . . . to deceive me. (**List**)

list	*lecture*
crab	*lid*
critic	*loan*
cover	*landscape*
prawn	*strength*
criticism	*reading material*
craft	*countryside*
credit	*ruse*

False friends

Krabbe	‡	*crab*
Kraft	‡	*craft*
◢ **Kredit**	‡	*credit*
Kritik	‡	*critic*
◢ **Landschaft**	‡	*landscape*
Lektüre	‡	*lecture*
List	‡	*list*

True friends

(Augen)lid	=	*(eye-)lid*

Key Krabbe — List

1 **Krabben**cocktail ist eine beliebte Vorspeise.
> = *prawn*
> Cf. A *crab* is a funny sea creature which runs sideways.
> = **Krebs**

2 Die Forschung hat gezeigt, daß Frauen mehr psychische
Kraft haben als Männer.
> = *strength*
> Cf. Barrel-making is an old *craft*.
> = **Gewerbe**

> Note: *handicraft* = **(Kunst)handwerk**

3 Ein **Kredit** von unserer Bank wird Ihnen helfen, alle Ihre
Wünsche zu erfüllen.
> = *loan*
> Cf. His *credit* is good.
> = **Kreditwürdigkeit**
> You can buy almost anything *on credit*.
> = **auf Kredit**

> Note: *a credit note* = **ein Gutschein**
> to give somebody *credit* for sth.
> = **Anerkennung, Lob**

4 Ich kann keine **Kritik** ertragen.
> = *criticism*
> Cf. Only one *critic* praised the play.
> = **Kritiker**

> Note: *critique* of a play or book = **Kritik**
> (eines Theaterstücks oder Buchs)

5 Die **Landschaft** in Süddeutschland ist schön.
   = *countryside*
   Cf. We have bought a *landscape* to hang on the wall.
   = **Landschaftsbild**

6 Können Sie eine **Lektüre** zu diesem Thema empfehlen?
   = *reading material, literature*
   Cf. He gave a very good *lecture* on medieval poetry.
   = **Vortrag**

7 Mein **Augenlid** ist geschwollen. Ich gehe am besten zum Arzt.
   = *eye-lid*

8 Der Schuft wendete jede mögliche **List** an, um mich zu betrügen.
   = *ruse, trick*
   Cf. Before going shopping, it is best to make a *list*.
   = **Liste**

Crab cocktail

14 Lot — Meinung

Which of the English words listed below is the nearest in
meaning to the German word in brackets?

1 A piece of lead hanging on the end of a string is called a . . .
   (**Lot**)

2 I have no . . . to see him ever again. (**Lust**)

3 The . . . has made plans for the redevelopment of the slum
   area. (**Magistrate**)

4 Unfortunately the publisher has returned the . . . of my
   short story. (**Manuskript**)

5 The . . . was marked 'Top Secret'. (**Mappe**)

6 During the war he served in the . . . (**Marine**)

7 . . . can be made from various kinds of berries.
   (**Marmelade**)

8 In my . . . he's the greatest actor in the world. (**Meinung**)

---

meaning	*plumbline*
marmalade	*manuscript*
navy	*desire*
map	*opinion*
copy	*lust*
marines	*jam*
folder	*magistrate*
lot	*town council*

False friends

Lot	‡	*lot*
Lust	‡	*lust*
Magistrat	‡	*magistrate*
Mappe	‡	*map*
◢ **Marine**	‡	*marine*
◢ **Marmelade**	‡	*marmalade*
Meinung	‡	*meaning*

True friends

Manuskript	=	*manuscript*

Key Lot — Meinung

1 Ein nach unten hängendes Stück Blei an einer Schnur nennt
  man ein **Lot**.

  = *plumbline*

  Cf. A policeman's *lot* is not an easy one.

  = **Los**

  Note: *to draw lots* = **Lose ziehen**

2 Ich habe keine **Lust**, ihn jemals wiederzusehen.

  = *desire*

  Cf. *Lust* is one of the seven deadly sins.

  = **Wollust**

3 Der **Magistrat** hat Pläne für die Sanierung des Slumgebiets
  gemacht.

  = *town council*

  Cf. The *magistrate* fined him heavily.

  = **Richter** (beim Amtsgericht)

4 Leider hat der Verlag das **Manuskript** meiner
  Kurzgeschichte zurückgeschickt.

  = *manuscript*

5 Auf der **Mappe** stand „Streng Vertraulich".

  = *folder*

  Cf. England looks very small on the *map*.

  = **Landkarte**

  Note: *street map* = **Straßenplan**

6 Während des Krieges war er bei der **Marine**.

  = *navy*

  Cf. He has joined the *marines*.

  = **Marine-Infanterie**

  Note: *a marine* = **ein Marineinfanterist**
  the merchant marine = **die Handelsmarine**

7 **Marmelade** kann aus verschiedenen Beerensorten gemacht
werden.
> = *jam*
> Cf. *Marmalade* is made from citrus fruits.
> = **Marmelade** aus Zitrusfrüchten z.B.
> Orangenmarmelade

8 Meiner **Meinung** nach ist er der größte Schauspieler der
Welt.
> = *opinion*
> Cf. You will find the *meaning* of the word in the
> dictionary.
> = **Bedeutung**

15 Memoiren — Note

Which of the English words listed below is the nearest in meaning to the German word in brackets?

1 It has become a fashion to write one's . . . (**Memoiren**)

2 Today's . . . consists of three courses. (**Menü**)

3 Every gardener knows that . . . is good for the soil. (**Mist**)

4 The enemy tried to destroy the . . . of the troops. (**Moral**)

5 In good detective stories the . . . is not the gardener. (**Mörder**)

6 A blow on the . . . can be fatal. (**Nacken**)

7 Stop it! You are getting on my . . . (**Nerven**)

8 I hope I get a good . . . for my English essay. (**Note**)

---

menu	*manure*
morale	*murderer*
nerves	*memoirs*
note	*mist*
neck	*mark*
meal of the day	*nerve*
back of the neck	*murder*
memories	*moral*

False friends

Menü	≠	*menu*
Mist	≠	*mist*
Moral	≠	*moral*
Mörder	≠	*murder*
Nacken	≠	*neck*
Note	≠	*note*

True friends

Nerven	=	*nerves*
Memoiren	=	*memoirs*

Key Memoiren — Note

1 Es ist Mode geworden, seine **Memoiren** zu schreiben.
   = *memoirs*

2 Das heutige **Menü** besteht aus drei Gängen.
   = *meal of the day, set meal*
   Cf. They have a limited *menu* but the food is good.
   = **Speisekarte**

3 Jeder Gärtner weiß, daß **Mist** gut für den Boden ist.
   = *manure, dung*
   Cf. An early morning *mist* hovered over the meadows.
   = **leichter Nebel**

4 Der Feind versuchte, die **Moral** der Truppe zu zerstören.
   = *morale*
   Cf. The *moral* of the story is clear.
   = **Lehre**

   Note: *morals* = **die Moral** (sittliches Verhalten)

5 In guten Krimis ist der **Mörder** nicht der Gärtner.
   = *murderer*
   Cf. *Murder* is a capital crime.
   = **Mord**

6 Ein Schlag in den **Nacken** kann tödlich sein.
   = *back of the neck.*
   Cf. The *neck* is the part of the body between the
   shoulders and the head.
   = **Hals**

   Note: the *throat*: the front of the neck or the passage
        from the back of the mouth into the lungs or
        stomach.

7 Hör auf! Du gehst mir auf die **Nerven**.
       = *nerves*

   Note: Er hat aber **Nerven**. (die Stirn)

8 Ich hoffe, ich bekomme eine gute **Note** für meinen
   Englischaufsatz.
       = *mark* (BE), *grade* (AE)
       Cf. She left a *note* saying she would be late.
       = **Zettel**

To eat the menu

16 Notizen — Photographie

Which of the English words listed below is the nearest in meaning to the German word in brackets?

1 We had better take some . . . during the lecture. (**Notizen**)
2 Stefan Zweig is famous for his . . . (**Novellen**)
3 With all his money, £10 is a drop in the . . . (**Ozean**)
4 The young couple was married by the local . . . (**Pastor**)
5 Our firm actually has very few problems with the . . .
   (**Personal**)
6 In the past the . . . was the cause of death for millions of
   people. (**Pest**)
7 Most children have a lively . . . (**Phantasie**)
8 That is not a very flattering . . . of you. (**Photographie**)

---

personal	*pastorate*
fantasy	*personnel*
photograph	*notes*
pastor	*photography*
pest	*short stories*
novels	*notices*
imagination	*plague*
ocean	*sea*

False friends

Notizen	‡	*notices*
Novellen	‡	*novels*
Personal	‡	*personal*
Pest	‡	*pest*
Phantasie	‡	*fantasy*
Photographie	‡	*photography*

True friends

Ozean	=	*ocean*
Pastor	=	*pastor*

Key Notizen — Photographie

1 Wir machen am besten einige **Notizen** während des
Vortrags.
> = *notes*
> Cf. There are *notices* everywhere saying 'Keep off the
> grass'.
> = **Schilder**

> Note: The play got good *notices*. = **Kritik**
> I've handed in my *notice*. = **Kündigung**

2 Stefan Zweig ist bekannt für seine **Novellen**.
> = *short stories*
> Cf. I've read most of Dicken's *novels*.
> = **Romane**

3 Bei seinem vielen Geld sind £10 ein Tropfen im **Ozean**.
> = *ocean*

4 Das junge Paar wurde vom örtlichen **Pastor** getraut.
> = *pastor*

5 Unsere Firma hat eigentlich kaum **Personal**probleme.
> = *personnel*
> Cf. You mustn't let your *personal* problems affect your
> work.
> = **persönlich**

6 Früher war die **Pest** die Ursache für den Tod von Millionen
Menschen.
> = *plague*
> Cf. *Pest* control is of vital importance to farmers.
> = **Schädling(e)**
> You are being a horrible *pest*.
> = **ein lästiger Mensch**

7 Die meisten Kinder haben eine rege **Phantasie**.
   = *imagination* (Vorstellungs-, Einbildungskraft)
   Cf. Many people live in a world of *fantasy*.
   = **Phantasie**(bilder)

   Note: a *fantasy* is the product of your imagination

8 Diese **Photographie** von dir ist nicht sehr schmeichelhaft.
   = *photograph*
   Cf. *Photography* is an interesting hobby.
   = **Photographieren**

17 Plastik — Prognosen

Which of the English words listed below is the nearest in meaning to the German word in brackets?

1 The town spent a fortune on a . . . by an unknown artist. (**Plastik**)

2 The . . . of opinions made a compromise impossible. (**Polarität**)

3 It is the . . . of our company to provide the best possible working conditions. (**Politik**)

4 Considering the noise, there must be a . . . in the house next door. (**Poltergeist**)

5 Oh, you've had your hair cut. That . . . suits you. (**Pony**)

6 Come on. Let's put your theories to the . . . (**Probe**)

7 The . . . on your tyres looks rather worn. (**Profil**)

8 Why must . . . about the future always be so gloomy? (**Prognosen**)

---

ghost	*tread*
test	*politics*
prognoses	*polarity*
sculpture	*programmes*
polarism	*poltergeist*
policy	*profile*
probe	*pony*
plastic	*fringe*

False friends

◢	**Plastik**	╪	*plastic*
◢	**Politik**	╪	*politics*
◢	**Pony**	╪	*pony*
	Probe	╪	*probe*
◢	**Profil**	╪	*profile*

True friends

Polarität	=	*polarity*
Poltergeist	=	*poltergeist*
Prognosen	=	*prognoses*

Key Plastik — Prognosen

1 Die Stadt hat für die **Plastik** eines unbekannten Künstlers ein Vermögen ausgegeben.
   = *sculpture*
   Cf. Many modern products are made of *plastic*.
   = **Plastik, Kunststoff**

   Note: *the plastic arts* = **die bildende Kunst**

2 Die **Polarität** der Meinungen machte eine Kompromißlösung unmöglich.
   = *polarity*

3 Es ist unsere Firmen**politik**, die bestmöglichen Arbeitsbedingungen zu schaffen.
   = *policy* (Verfahrensweise)
   Cf. Local *politics* interest me more than international politics.
   = **Politik** (politische Angelegenheiten)
   Tom is studying *politics*.
   = **Staatswissenschaft**.

4 Bei dem Krach muß es im Haus nebenan einen **Poltergeist** geben.
   = *poltergeist*

5 Ach, du hast dir die Haare schneiden lassen. Der **Pony** steht dir gut.
   = *fringe* (BE), *bangs* (AE)
   Cf. Many a little girl dreams of owning a *pony*.
   = **Pony** (kleines Pferd)

6 Komm! Laß uns deine Theorien auf die **Probe** stellen.
   = *test*
   Cf. The police *probe* revealed some surprising facts.
   = **Untersuchung**

7 Das **Profil** deiner Reifen sieht ziemlich abgenutzt aus.
      = *tread*
◢   Cf. He's a bad actor but he has a handsome *profile*.
      = **Profil**

8 Warum müssen Zukunfts**prognosen** immer so düster sein?
      = *prognoses*

18 Programme — Quacksalber

Which of the English words listed below is the nearest in meaning to the German word in brackets?

1 Do you remember the days when TV only had two . . .?
   (**Programme**)

2 I celebrated my . . . with champagne and oysters.
   (**Promotion**)

3 I want to spend the evening studying holiday . . .
   (**Prospekte**)

4 As a salesman he makes most of his money from . . .
   (**Provisionen**)

5 The court . . . was conducted in secrecy. (**Prozess**)

6 . . . can be one of the most difficult phases of life. (**Pubertät**)

7 After the piano concerto the . . . called for an encore.
   (**Publikum**)

8 Dr. Splodge is just an old . . . (**Quacksalber**)

---

promotion	*process*
audience	*false doctor*
case	*prospects*
commission	*quack doctor*
teenage	*brochures*
doctorate	*public*
puberty	*channels*
programmes	*provisions*

False friends

◢ **Programm**	ǂ	*programme*
Promotion	ǂ	*promotion*
Prospekte	ǂ	*prospects*
Provisionen	ǂ	*provisions*
◢ **Prozeß**	ǂ	*process*
◢ **Publikum**	ǂ	*public*

True friends

Pubertät	=	*puberty*
Quacksalber	=	*quack doctor*

Key Programme — Quacksalber

1 Erinnerst du dich noch an die Zeit, als es nur zwei
  Fernseh**programme** gab?

  = *channels*

  Cf. I don't know why people watch some of these silly
   programmes.

  = **Sendungen**

◀ the *programme* for today

  = das **Programm** für heute

2 Ich feierte meine **Promotion** mit Sekt und Austern.

  = *doctorate* (Doktortitel)

  Cf. I've been waiting twenty-five years for *promotion*.

  = **Beförderung**

3 Ich will den Abend damit verbringen, Urlaubs**prospekte** zu
  lesen.

  = *brochures*

  Cf. He has got a job with good *prospects*.

  = **Aussichten**

  Note: The singular *prospectus* can be used for
    Prospekt.

4 Als Verkäufer verdient er das meiste Geld durch
  Provisionen.

  = *commission*

  Cf. It will be a long journey so we should take plenty of
   provisions.

  = **Proviant**

  Note: *provision(s)* = **Vorsorge**
    e.g. to make provision(s) for the future

5 Der Gerichts**prozeß** wurde geheim geführt.
> = *case, trial*
> Cf. The firm has found a more economical
>   manufacturing *process*.
> = **Verfahren, Vorgang**
> a chemical *process*
> = ein chemischer **Prozeß**

6 Die **Pubertät** kann eine der schwierigsten Lebensphasen
sein.
> = *puberty*

7 Nach dem Klavierkonzert bat das **Publikum** um eine
Zugabe.
> = *audience*
> Cf. The news was made known to the *public*.
> = **Publikum, Öffentlichkeit**

> Note: *audience*: **Zuschauer** im Theater, Kino, Konzert
>   *spectators*: **Zuschauer** besonders bei
>   Sportveranstaltungen

8 Dr. Splodge ist bloß ein alter **Quacksalber.**
> = *quack (doctor)*

19 Raten — Rückseite

Which of the English words listed below is the nearest in meaning to the German word in brackets?

1 The monthly . . . for the car are quite low. (**Raten**)
2 How high will your . . . be if you retire so early? (**Rente**)
3 I have the greatest . . . for your achievements. (**Respekt**)
4 The man in the office claimed that the problem did not belong to his . . . (**Ressort**).
5 Doctor, would you please give me a . . . for some sleeping tablets. (**Rezept**)
6 'Wuthering Heights' is my favourite . . . (**Roman**)
7 A good . . . is an essential piece of kit for a hiker. (**Rucksack**)
8 You can endorse a cheque by signing your name on the . . . (**Rückseite**)

instalments	*backside*
resort	*prescription*
novel	*rucksack*
rent	*respect*
bag	*back*
honour	*department*
rates	*Roman*
pension	*recipe*

False friends

Raten	╪	*rates*
Rente	╪	*rent*
Ressort	╪	*resort*
▲ **Rezept**	╪	*recipe*
Roman	╪	*roman*
Rückseite	╪	*backside*

True friends

Respekt	=	*respect*
Rucksack	=	*rucksack*

Key Raten — Rückseite

1 Die monatlichen **Raten** für den Wagen sind ziemlich
  niedrig.
  = instalments
  Cf. The *rates* in this area are comparatively high.
  = **Kommunalabgaben**

2 Wie hoch wird Ihre **Rente** sein, wenn Sie vorzeitig in den
  Ruhestand treten?
  = pension
  Cf. Considering the size of the flat, the *rent* is too high.
  = **Miete**
  Note: **in Pension gehen** *= to retire*

3 Ich habe den größten **Respekt** vor Ihren Leistungen.
  = respect

4 Der Mann im Büro behauptete, daß das Problem nicht zu
  seinem **Ressort** gehörte.
  = department
  Cf. Brighton is a famous holiday *resort*.
  = **Urlaubsort**
  Note: *health resort* = **Kurort**
        seaside resort = **Badeort**

5 Herr Doktor, geben Sie mir bitte ein **Rezept** für
  Schlaftabletten.
  = prescription
  Cf. Do give me the *recipe* for this wonderful cake.
  = **Kochrezept**
  Note: *receipt* = **Quittung**

6 „Sturmhöhe" ist mein Lieblings**roman**.
  = novel
  Cf. I've just finished reading a book on *Roman* history.
  = **römisch**

7 Ein guter **Rucksack** gehört zur richtigen Ausstattung eines
   Wanderers.
   = *rucksack*

8 Sie können einen Scheck girieren, indem Sie auf der
   Rückseite unterschreiben.
   = *back*
   Cf. She slipped on the ice and fell on her *backside*.
   = **Hintern**

A recipe from the doctor

20 Salat — Sentenzen

Which of the English words listed below is the nearest in meaning to the German word in brackets?

1 Don't forget to bring two heads of . . . and a pound of tomatoes. (**Salat**)

2 He's the owner of an exclusive hairdressing . . . (**Salon**)

3 A nice warm . . . would be a suitable present for him. (**Schal**)

4 . . . is cheap on the market this week. (**Schellfisch**)

5 . . . , would you mind making my bed again, please. (**Schwester**)

6 I'll be ready in just two . . . (**Sekunden**)

7 There's nothing like success to boost your . . . (**Selbstbewußtsein**)

8 Many well-known . . . originate from the Bible. (**Sentenzen**)

---

shawl	scarf
self-consciousness	self-confidence
moments	salad
lettuce	nurse
sentences	haddock
saloon	salon
sister	seconds
shellfish	aphorisms

False friends

◢ **Salat**	≠	*salad*
Schal	≠	*shawl*
Schellfisch	≠	*shellfish*
◢ **Schwester**	≠	*sister*
Selbstbewußtsein	≠	*self-consciousness*
Sentenzen	≠	*sentences*

True friends

Salon	=	*salon*
Sekunde	=	*second*

Key Salat — Sentenzen

1 Vergiß nicht, zwei **Salat**köpfe und ein Pfund Tomaten
   mitzubringen.
   = *lettuce*
   Cf. Let's have a *salad* for lunch.
   = **Salatteller, Salatschüssel**

2 Er ist Inhaber eines exklusiven Friseur**salons**.
   = *salon*

3 Ein schöner dicker **Schal** wäre ein geeignetes Geschenk für
   ihn.
   = *scarf*
   Cf. Nowadays a *shawl* is usually only worn with
      evening dress.
   = **Umhänge-, Schultertuch**

4 **Schellfisch** ist diese Woche billig auf dem Markt.
   = *haddock*
   Cf. Cockles, mussels and prawns are all *shellfish*.
   = **Schalentiere**

5 **Schwester**, würden Sie bitte mein Bett nochmal machen.
   = *nurse*
   Cf. She has been promoted to *sister*.
   = **Stationsschwester**.

   Note: *matron* = **Oberschwester**
         I have two brothers and one *sister*.
         = **Schwester**
         siblings (brothers and sisters) = **Geschwister**

6 Ich bin in zwei **Sekunden** fertig.
   = *seconds*

7 Es gibt nichts besseres als Erfolg, um das **Selbstbewußtsein** zu stärken.

> = *self-confidence*
> Cf. *Self-consciousness* is ruining her life.
> = **Befangenheit, Verlegenheit**

> Note: *awareness* = **Bewußtsein**(-szustand)

8 Viele bekannte **Sentenzen** stammen aus der Bibel.

> = *aphorisms*
> Cf. A *sentence* contains at least a subject and a verb.
> = **Satz**
> The judge's *sentence* was harsh.
> = **Urteil**

'We gave him a shawl for Christmas.'

21 Singles — Spektakel

Which of the English words listed below is the nearest in meaning to the German word in brackets?

1 In big cities there are a lot of clubs for . . . (**Singles**)

2 Miller's shoeshop has a real leather Italian . . . on offer. (**Slipper**)

3 'Black tie' on an invitation means the gentleman should wear a . . . (**Smoking**)

4 You'd better take off those wet shoes and . . . before you catch a cold. (**Socken**)

5 A three-piece suite consists of a . . . and two armchairs. (**Sofa**)

6 He was a professional . . . for many years – in the airforce, I think. (**Soldat**)

7 All the . . . in our restaurant are made with the finest ingredients. (**Speisen**)

8 Everyone got drunk and the party became a complete . . . (**Spektakel**)

---

serviceman	sofa
seat	soldier
dinner jacket	spices
single people	smoking
slip-on shoe	stockings
singles	spectacle
socks	dishes
slipper	uproar

False friends

Singles	╪	*singles*
Slipper	╪	*slipper*
Smoking	╪	*smoking*
◢ **Soldat**	╪	*soldier*
Speisen	╪	*spices*
Spektakel	╪	*spectacle*

True friends

Socken	=	*socks*
Sofa	=	*sofa*

Key Singles — Spektakel

1 In Großstädten gibt es viele Clubs für **Singles**.
> = *single people*
> Cf. Our tennis partners can't come so we'll have to play
>   *singles*.
> = **Einzelspiel**
> Two *singles* to Tower Bridge.
> = **Einzelfahrkarten**
>
> Note: I am *single* = **ledig**

2 Millers Schuhgeschäft hat einen italienischen **Slipper** aus
echtem Leder im Angebot.
> = *slip-on (shoe)*
> Cf. I'm afraid the dog has eaten your *slipper*.
> = **Pantoffel**

3 „Schwarze Krawatte" auf einer Einladung bedeutet, daß
der Herr einen **Smoking** tragen soll.
> = *dinner jacket* (BE), *tuxedo* (AE)
> Cf. No *Smoking*.
> = **Rauchen**

4 Du solltest die nassen Schuhe und **Socken** ausziehen,
bevor du dich erkältest.
> = *socks*
>
> Note: *socks* = **Socken** oder **Kniestrümpfe**
>   *stockings* = **lange Strümpfe**
>   *tights* = **Strumpfhose**

5 Eine Sitzgarnitur besteht aus einem **Sofa** und zwei Sesseln.
> = *sofa*

6 Er war jahrelang Berufs**soldat**, – bei der Luftwaffe, glaube
   ich.
   = *serviceman*
   Cf. He was a professional *soldier* in the British Army.
   = **Soldat** (beim Heer)

7 Alle **Speisen** in unserem Restaurant werden aus den besten
   Zutaten gemacht.
   = *dishes*
   Cf. The food was prepared with lots of *spices*.
   = **Gewürze**

8 Alle haben sich betrunken, und die Party wurde ein totales
   Spektakel.
   = *uproar*
   Cf. The firework display was a marvellous spectacle.
   = **Schauspiel**

   Note: *to make a spectacle of oneself* = **sich blamieren**

22 Spiel—Stock

Which of the English words listed below is the nearest in meaning to the German word in brackets?

1 Did you see the football . . . on TV last night? (**Spiel**)

2 Motorbikes are my son's latest . . . (**Spleen**)

3 So far there is not the slightest . . . of the missing child. (**Spur**)

4 Economic development has reached a decisive . . . (**Stadium**)

5 Anne was born under a lucky . . . (**Stern**)

6 He's undeniably a good writer but his . . . doesn't appeal to me. (**Stil**)

7 Do you think the government will agree to give every student a . . . ? (**Stipendium**)

8 Our flat is on the third . . . (**Stock**)

---

play	floor
stipend	style
trace	spur
manner	stage
grant	spleen
stadium	stock
craze	stern
game	star

False friends

Spiel	‡	*play*
Spleen	‡	*spleen*
Spur	‡	*spur*
Stadium	‡	*stadium*
Stern	‡	*stern*
Stipendium	‡	*stipend*
Stock	‡	*stock*

True friends

Stil	=	*style*

Key Spiel — Stock

1 Hast du gestern abend das Fußball**spiel** im Fernsehen
gesehen?

> = *game*
> Cf. Did you see the *play* by G.B. Shaw on TV?
> = **Schauspiel**

2 Motorräder sind der neueste **Spleen** meines Sohns.

> = *craze*
> Cf. The doctor told him that the trouble was with his
> *spleen*.
> = **Milz**

> Note: *to vent one's spleen* = **seinem Ärger Luft machen**

3 Bis jetzt gibt es keine **Spur** des vermißten Kindes.

> = *trace*
> Cf. The rider has lost a *spur*.
> = **Sporn**

> Note: *on the spur of the moment* = **ohne Überlegung**

4 Die wirtschaftliche Entwicklung hat ein entscheidendes
Stadium erreicht.

> = *stage*
> Cf. The new football *stadium* will hold 50,000 people.
> = **Stadion**

5 Anne ist unter einem glücklichen **Stern** geboren.

> = *star*
> Cf. The *stern* is the back end of a ship.
> = **Heck**

> Note: the back end of a vehicle = *the rear*
> the back end of an aeroplane = *the rear* or *the tail*

6 Man kann nicht leugnen, daß er ein guter Schriftsteller ist, aber sein **Stil** sagt mir nicht zu.
> = *style*

7 Glauben Sie, die Regierung wird bereit sein, jedem Studenten ein **Stipendium** zu geben?
> = *grant*
> Cf. A clergyman's salary is known as a *stipend*.
> = **Besoldung** (besonders eines Geistlichen)

8 Unsere Wohnung ist im dritten **Stock**.
> = *floor, storey*
> Cf. That bookshop keeps a lot of titles *in stock*.
> = **auf Lager, vorrätig**
>
> Note: *the stock exchange* = **die Börse**
>   *a walking stick* = **ein Spazierstock**

23 Stoff — Sturmschaden

Which of the English words listed below is the nearest in meaning to the German word in brackets?

1 This coat is made of the very best . . . (**Stoff**)

2 . . . prevent people from looking into your windows. (**Stores**)

3 The nuclear deterrent is part of NATO . . . (**Strategie**)

4 A . . . goes to work at the risk of his life. (**Streikbrecher**)

5 The Rhine is the busiest . . . in Germany. (**Strom**)

6 I finished my . . . at London University last summer. (**Studium**)

7 You'll have to fetch a . . . if you want to join us. (**Stuhl**)

8 The . . . in Northern Germany was extensive. (**Sturmschaden**)

---

storm damages	*net curtains*
study	*method*
stuff	*walk-out*
stores	*material*
stream	*chair*
studies	*strategy*
storm damage	*stool*
strike breaker	*river*

False friends

◢ **Stoff**	≠	*stuff*	
Stores	≠	*stores*	
Strom	≠	*stream*	
Studium	≠	*study*	
◢ **Stuhl**	≠	*stool*	

True friends

Strategie	=	*strategy*
Streikbrecher	=	*strike breaker*
Sturmschaden	=	*storm damage*

Key Stoff — Sturmschaden

1 Dieser Mantel ist aus dem besten **Stoff** gemacht.
> = *material*
> Cf. Could you help me carry my *stuff*?
> = **Sachen**
> They've got all sorts of *stuff* in that shop.
> = **Zeug**

◢

> Note: *stuff* for *cloth* has become old fashioned, but the
>   word is still used for any undefined material

2 **Stores** hindern Leute daran, bei Ihnen in die Fenster
hineinzuschauen.
> = *net curtains*
> Cf. Oxford Street is full of big *stores*.
> = **Kaufhäuser**

3 Die Abschreckung durch Atomwaffen ist ein Teil der
NATO-**Strategie**.
> = *strategy*

4 Ein **Streikbrecher** geht unter Lebensgefahr arbeiten.
> = *strike breaker*

5 Der Rhein ist der verkehrsreichste **Strom** Deutschlands.
> = *river*
> Cf. A *stream* is a very small river.
> = **Bach**

6 Ich habe mein **Studium** an der Londoner Universität letzten
Sommer beendet.
> = *studies*
> Cf. A *study* is a room in which you can read and work.
> = **Arbeitszimmer**

> Note: *a study* = **eine Studie**

7 Du mußt dir einen **Stuhl** holen, wenn du dich zu uns setzen willst.

> = *chair*
>
> Cf. Sitting on a *stool* can be most uncomfortable.
>
> = **Hocker**
>
> *to fall between two stools*
>
> = **sich zwischen zwei Stühle setzen**

> Note: *foot stool* = **Schemel**

8 Der **Sturmschaden** in Norddeutschland war groß.

> = *storm damage*

> Note: *damage* (sing.) = **Schaden**
>
> *damages* (pl.) = **Schadenersatz**

24 Tablett — Temperament

Which of the English words listed below is the nearest in meaning to the German word in brackets?

1 The waiter accidentally dropped a . . . full of cups. (**Tablett**)
2 It is important to keep an eye on the . . . when driving. (**Tachometer**)
3 The teacher wrote the vocabulary on the . . . (**Tafel**)
4 I'll beat . . . and you sing the tune. (**Takt**)
5 You'd better be clear about your . . . before you speak to him. (**Taktik**)
6 He has a(n) . . . for saying the right thing. (**Talent**)
7 There were fantastic developments in space research and . . . in the sixties. (**Technik**)
8 Liking parties or not is largely a matter of . . . (**Temperament**)

talent	*speedometer*
tablet	*technique*
table	*tachometer*
tact	*temper*
ability	*time*
tactics	*temperament*
tray	*technology*
blackboard	*tackle*

False friends

Tablett	╪	*tablet*
Tachometer	╪	*tachometer*
Tafel	╪	*table*
Takt	╪	*tact*
◢ **Technik**	╪	*technique*

True friends

Taktik	=	*tactics*
Talent	=	*talent*
Temperament	=	*temperament*

Key Tablett — Temperament

1 Aus Versehen ließ der Kellner ein **Tablett** voller Tassen fallen.
   = *tray*
   Cf. Why don't you take a *tablet* for your headache?
   = **Tablette**

2 Beim Fahren ist es wichtig, den **Tachometer** immer im Auge zu halten.
   = *speedometer*
   Cf. The *tachometer* shows the number of revs per minute.
   = **Drehzahlmesser**

3 Der Lehrer schrieb die Vokabeln an die **Tafel**.
   = *blackboard*
   Cf. Your book is lying on the *table*.
   = **Tisch**

4 Ich schlage den **Takt** und du singst die Melodie.
   = *time, rhythm*
   Cf. You say the most awful things to people. You have absolutely no *tact*.
   = **Taktgefühl**

   Note: **sich aus dem Takt bringen lassen**. (fig.)
   = *to be disconcerted*

5 Du sollst dir über deine **Taktik** im klaren sein, bevor du mit ihm redest.
   = *tactics*

   Note: the plural form *tactics* is most commonly used

6 Er hat ein **Talent** dafür, immer das Richtige zu sagen.
   = *talent*

7 In den sechziger Jahren gab es eine fantastische
   Entwicklung auf dem Gebiet der Weltraumforschung und
   -technik.

     = *technology*

◢   Cf. The goalkeeper's *technique* was decisive in winning
   the match.

     = **Technik**

     Note: *technology* = **Technik** (die Wissenschaft)
           technique = **Technik** (Art und Weise der
           Ausführung)

8 Ob man gerne Partys feiert ist zum größten Teil
   Temperamentsache.

     = *temperament*

25 Tendenz — Übergewicht

Which of the English words listed below is the nearest in meaning to the German word in brackets?

1 The . . . of this newspaper article is quite obvious. (**Tendenz**)

2 I find politics too serious a . . . for a party. (**Thema**)

3 The . . . hit Dallas late last night. (**Tornado**)

4 What a . . . that such a talented person should die so young. (**Tragödie**)

5 Some people never discuss anything other than . . . (**Trivialitäten**)

6 We lost each other in all the . . . of the carnival parade. (**Trubel**)

7 . . . is on most school timetables. (**Turnen**)

8 . . . is an illness of the affluent society. (**Übergewicht**)

---

tornado	*topic*
tendency	*high wind*
fullness	*tragedy*
theme	*turns*
bustle	*trivialities*
accident	*overweight*
small talk	*P.T.*
trouble	*bias*

False friends

◢ **Tendenz**	╪	*tendency*
◢ **Thema**	╪	*theme*
Trubel	╪	*trouble*
Turnen	╪	*turns*

True friends

Tornado	=	*tornado*
Tragödie	=	*tragedy*
Trivialitäten	=	*trivialities*
Übergewicht	=	*overweight*

Key Tendenz — Übergewicht

1 Die **Tendenz** dieses Zeitungsartikels ist ganz deutlich.
> = *bias*
> Cf. He has a *tendency* to be rather pompous.
> = **Tendenz, Neigung**

2 Ich finde die Politik ein zu ernstes **(Diskussions-)thema** für eine Party.
> = *topic*
> Cf. The *theme* of his lecture isn't yet known.
> = **Thema** (eines Vortrags oder Buchs)

> Note: *to change the subject* = **das Thema wechseln**

3 Der **Tornado** erreichte Dallas gestern am späten Abend.
> = *tornado*

4 Welch eine **Tragödie**, daß ein so talentierter Mensch so jung sterben mußte.
> = *tragedy*

5 Manche Leute reden über nichts anderes als **Trivialitäten**.
> = *trivialities*

6 Im ganzen **Trubel** des Karnevalzuges haben wir einander verloren.
> = *bustle*
> Cf. If you come late again, there will be *trouble*.
> = **Ärger, Probleme**

> Note: *troubles* (pl.) = **Kummer, Sorgen**

7 **Turnen** steht in den meisten Schulen auf dem Stundenplan.
> = *P.T.* (physical training)
> Cf. We've been practising *turns* at our dancing class.
> = **(Um-)drehungen**

> Note: *Is it my turn?* = **Bin ich dran?**

8 **Übergewicht** ist eine Krankheit der Wohlstandsgesellschaft.
   = overweight

26 Unternehmer — Warenhaus

Which of the English words listed below is the nearest in meaning to the German word in brackets?

1 A(n) . . . must be prepared to take financial risks.
(**Unternehmer**)

2 A successful gangster needs good connections in the . . .
(**Unterwelt**)

3 'She loves you, yeah, yeah, yeah,' is a . . . from a popular song. (**Vers**)

4 There has been a recent revival of interest in old . . .
(**Volkstänze**)

5 Nobody expected the . . . to erupt again. (**Vulkan**)

6 A . . . still surrounds the old part of the town. (**Wall**)

7 I can't sleep as long as the children are throwing a ball against the . . . (**Wand**)

8 You can buy almost anything in a . . . (**Warenhaus**)

---

folk dances	*entrepreneur*
underground	*verse*
department store	*volcano*
people's dances	*wall*
lava mountain	*rampart*
line	*warehouse*
undertaker	*wand*
underworld	*room*

False friends

Unternehmer	≠	*undertaker*
Vers	≠	*verse*
Wall	≠	*wall*
Wand	≠	*wand*
Warenhaus	≠	*warehouse*

True friends

Unterwelt	=	*underworld*
Volkstänze	=	*folk dances*
Vulkan	=	*volcano*

Key Unternehmer — Warenhaus

1 Ein **Unternehmer** muß bereit sein, ein finanzielles Risiko einzugehen.
  = *entrepreneur*
  Cf. The job of *undertaker* is not everybody's cup of tea.
  = **Leichenbestatter**

2 Ein erfolgreicher Gangster braucht gute Beziehungen in der **Unterwelt**.
  = *underworld*

3 „She loves you . . ." ist ein **Vers** aus einem Schlager.
  = *line*
  Cf. Do you know how the second *verse* starts?
  = **Strophe**

◢   Note: *verse* (poetry) = **Vers, Poesie**

4 Es gibt ein wieder erwachtes Interesse an Volkstänzen.
  = *folk dances*

  Note: *folk* is used in the sense of **volkstümlich** in compounds such as *folk costume*, *folk festival*, etc.

5 Keiner hatte erwartet, daß der **Vulkan** wieder ausbrechen würde.
  = *volcano*

6 Ein **Wall** schließt die Altstadt (immer) noch ein.
  = *rampart*
  Cf. The building is surrounded by a high *wall*.
  = **Mauer**

7 Ich kann nicht schlafen, solange die Kinder einen Ball
   gegen die **Wand** werfen.
   = *wall*
   Cf. If I had a *magic wand*, I would make all this work
     disappear.
   = **Zauberstab**

8 Man kann fast alles in einem **Warenhaus** kaufen.
   = *department store*
   Cf. There has been a fire in the *warehouse* on the
     quayside.
   = **Lagerhaus**

The undertakers are pleased at the increase in business.'

27 Wärter — Zylinder

Which of the English words listed below is the nearest in meaning to the German word in brackets?

1 A lighthouse . . . has one of the loneliest jobs in the world. (**Wärter**)
2 'Oliver Twist' is Dickens' most famous . . . (**Werk**)
3 That's a very smart . . . you are wearing! (**Weste**)
4 The . . . has banned the film in Britain. (**Zensor**)
5 Stricter . . . could prevent the moral corruption of the nation. (**Zensur**)
6 Sheila's only . . . in life is to be rich and famous. (**Ziel**)
7 You need . . . to draw geometrical figures. (**Zirkel**)
8 . . . and tails are seldom worn nowadays. (**Zylinder**)

---

compasses	*waistcoat*
keeper	*censure*
zeal	*censor*
vest	*cylinder*
aim	*census*
circle	*censorship*
waiter	*top-hat*
work	*book*

False friends

Wärter	≠	*waiter*
◢ **Weste**	≠	*vest* (BE)
Zensur	≠	*censure*
Ziel	≠	*zeal*
Zirkel	≠	*circle*
◢ **Zylinder**	≠	*cylinder*

True friends

Werk	=	*work*
Zensor	=	*censor*

Key Wärter — Zylinder

1 Ein Leuchtturm**wärter** hat einen der einsamsten
Arbeitsplätze der Welt.
  = *keeper*
  Cf. The *waiter* brought me the menu.
  = **Kellner**

  Note: *warden* = **Aufseher**
    prison warder = **Gefängniswärter**

2 „Oliver Twist" ist Dickens berühmtestes **Werk**.
  = *work*

  Note: **das Werk** (Fabrik) = *works* (pl.)

3 Das ist eine sehr schicke **Weste**, die du anhast.
  = *waistcoat* (BE), *vest* (AE)
  Cf. I'm afraid your *vest* has turned pink in the laundry.
  = **Unterhemd**, *undershirt* (AE)

4 Der **Zensor** hat den Film in Großbritannien verboten.
  = *censor*

  Note: *census* = **Volkszählung**

5 Eine strengere **Zensur** könnte die moralische Korruption
der Nation verhindern.
  = *censorship*
  Cf. His behaviour deserves a public *censure*.
  = **Tadel**

6 Ihr einziges **Ziel** im Leben ist, reich und berühmt zu
werden.
  = *aim*
  Cf. We tackled the task with *zeal*.
  = **Begeisterung**

  Note: *destination* = **Reiseziel**

7 Man braucht einen **Zirkel**, um geometrische Figuren zu
zeichnen.

> = *(a pair of) compasses*
> Cf. The diameter of a *circle* can be easily measured.
> = **Kreis**

> Note: *a compass* (sing.) = **ein Kompass**

8 Heutzutage werden Frack und **Zylinder** nur noch selten
getragen.

> = *top-hat*
> Cf. The *cylinder* head gasket is defective.
> = **Zylinder** (Auto)

> Note: any object or container of cylindrical form is also
>   called a *cylinder*, e.g. a *gas cylinder* = **Gasflasche**

To wear a cylinder

28 absurd — brav

Which of the English words listed below is the nearest in meaning to the German word in brackets?

1 The whole idea is . . . (**absurd**)

2 Such . . . behaviour is irritating. (**affektiert**)

3 The question is no longer . . . (**aktuell**)

4 She's an extremely . . . woman. (**apart**)

5 Very many . . . firms have a branch office in London. (**ausländisch**)

6 Have you polished your shoes? They look so clean and . . . (**blank**)

7 Didn't your girlfriend use to have . . . hair? (**blond**)

8 If you are . . . , you can watch TV a bit longer. (**brav**)

---

actual	*light*
good	*topical*
outlandish	*blond*
affected	*abstruse*
absurd	*shiny*
effective	*brave*
blank	*apart*
foreign	*smart*

False friends

aktuell	╪	*actual*
apart	╪	*apart*
ausländisch	╪	*outlandish*
blank	╪	*blank*
brav	╪	*brave*

True friends

absurd	=	*absurd*
affektiert	=	*affected*
blond	=	*blond*

Key absurd — brav

1 Die ganze Idee ist **absurd**.
   = *absurd*

2 Eine so **affektierte** Verhaltensweise ist störend.
   = *affected*

3 Die Frage ist nicht mehr **aktuell**.
   = *topical*
   Cf. The *actual* state of affairs is deplorable.
   = **tatsächlich, wirklich**

   Note: the *latest* news = die **aktuellen** Nachrichten

4 Sie ist eine äußerst **aparte** Frau.
   = *smart*
   Cf. It was a good holiday *apart* from the weather.
   = **abgesehen vom**
   They're living *apart* now.
   = **getrennt**
   He tore his jacket *apart*.
   = **auseinander**

5 Sehr viele **ausländische** Firmen haben eine Zweigstelle in London.
   = *foreign*
   Cf. Young people tend to prefer *outlandish* fashions.
   = **seltsam, fremdartig**

6 Hast du deine Schuhe geputzt? Sie sind so sauber und **blank**.
   = *shiny*
   Cf. Leave this page *blank*.
   = **frei, unbeschrieben**

7 Deine Freundin hatte früher **blonde** Haare, oder?
     = *blond*

   Note: *a blonde* = **eine Blondine**

8 Wenn du **brav** bist, darfst du etwas länger fernsehen.
     = *good*
     Cf. Medals are given for *brave* deeds.
     = **tapfer**

29 breit — energisch

Which of the English words listed below is the nearest in meaning to the German word in brackets?

1 The proposal found . . . acceptance abroad. (**breit**)

2 The country is in a . . . state. (**chaotisch**)

3 The meal in the French restaurant was most . . . (**delikat**)

4 The rumour was . . . by a palace spokesman. (**dementiert**)

5 A gentleman always behaves in a(n) . . . manner. (**dezent**)

6 It is a myth that . . . people are always jolly. (**dick**)

7 A person with a(n) . . . personality will usually get on in life. (**dynamisch**)

8 Such a(n) . . . reaction cannot be ignored. (**energisch**)

vigorous	*energetic*
radical	*bright*
delicate	*wide*
demented	*chaotic*
unobtrusive	*denied*
thick	*decent*
dynamic	*exquisite*
fat	*dynamite*

False friends

breit	‡	*bright*
◢ **delikat**	‡	*delicate*
dementiert	‡	*demented*
dezent	‡	*decent*
◢ **dick**	‡	*thick*
energisch	‡	*energetic*

True friends

chaotisch	=	*chaotic*
dynamisch	=	*dynamic*

Key breit — energisch

1 Der Vorschlag fand im Ausland **breite** Zustimmung.
    = *wide*
    Cf. The sun is very *bright* today.
    = **hell strahlend**

    Note: *brightly coloured* = **bunt**

2 Das Land ist in einem **chaotischen** Zustand.
    = *chaotic*

3 Das Essen im französischen Restaurant war äußerst **delikat**.
    = *exquisite*
    Cf. He was a *delicate* child.
    = **schwächlich**
    delicate porcelain
    = **feines Porzellan**
    a delicate matter
    = **eine delikate (heikle) Sache**

4 Das Gerücht wurde von einem Sprecher des Palastes
   dementiert.
    = *denied*
    Cf. The way he behaves, you'd think he was demented.
    = **verrückt**

5 Das Benehmen eines Gentlemans ist immer **dezent**.
    = *unobtrusive*
    Cf. *Decent* people don't do such things.
    = **anständig**

    Note: **dezente Musik** = *soft music*
          dezente Farben = *subdued colours*

6 Es ist ein Märchen, daß **dicke** Menschen immer fröhlich
   sind.
   = *fat*
   Cf. There are a lot of pages in a *thick* book.
   = **dick**

   Note: in slang the word *thick* is used for a person to
         mean **doof**

7 Ein Mensch mit einer **dynamischen** Persönlichkeit wird
   meistens im Leben weit kommen.
   = *dynamic*

8 Eine solch **energische** Reaktion kann nicht ignoriert
   werden.
   = *vigorous*
   Cf. I never feel very *energetic* on a Monday morning.
   = **voller Energie**

30 einseitig — fein

Which of the English words listed below is the nearest in meaning to the German word in brackets?

1 His view of the matter is extremely . . . (**einseitig**)

2 I've become very . . . in politics lately. (**engagiert**)

3 I'm . . . to meet you. (**erfreut**)

4 I'll give you a ring . . . tomorrow. (**eventuell**)

5 He won't be able to attend the meeting for . . . reasons. (**familiär**)

6 His friends say he is a(n) . . . fellow. (**famos**)

7 The spy affair was a(n) . . . business. (**fatal**)

8 A . . . friend you are! (**fein**)

---

singular	*involved*
pleased	*perhaps*
excellent	*fatal*
familiar	*famous*
one-sided	*fine*
unfortunate	*loving*
afraid	*engaged*
eventually	*personal*

False friends

engagiert	≠	*engaged*
erfreut	≠	*afraid*
eventuell	≠	*eventually*
familär	≠	*familiar*
famos	≠	*famous*
fatal	≠	*fatal*

True friends

einseitig	=	*one-sided*
fein	=	*fine*

Key einseitig – fein

1 Seine Auffassung von der Sache ist sehr **einseitig**.
   = *one-sided*

2 Ich war in letzter Zeit in der Politik sehr **engagiert**.
   = *involved*
   Cf. He's been *engaged* on a new project recently.
   = **beschäftigt**
   They're *engaged* to be married.
   = **verlobt**
   He's been *engaged* by a big company.
   = **eingestellt**

   Note: ein **engagierter** Lehrer/Mitarbeiter
         = a *dedicated* teacher/worker

3 Ich bin **erfreut**, Sie kennenzulernen.
   = *pleased*
   Cf. I was *afraid* of meeting him.
   = **hatte Angst**

4 Ich werde Sie **eventuell** morgen anrufen.
   = *perhaps*
   Cf. *Eventually* he came to his senses.
   = **schließlich**

   Note: **eventuelle Folgen** = *possible consequences*

5 Er wird bei der Besprechung aus **familiären** Gründen nicht
   dabei sein können.
   = *personal*
   Cf. I'm not *familiar* with the details of the case.
   = **vertraut**

6 Seine Freunde sagen, er sei ein **famoser** Kerl.
     = *excellent*
     Cf. 'Werther' was the work that made Goethe *famous*.
     = **berühmt**

7 Die Spionage-Affäre war eine **fatale** Sache.
     = *unfortunate*
     Cf. There are thousands of *fatal* accidents on our roads
       every year.
     = **tödlich**

   Note: **tödlich** (hat getötet) = *fatal*
          tödlich (kann töten) = *deadly, lethal*
          e.g. *deadly poison, lethal weapon*

8 Du bist mir aber ein **feiner** Freund!
     = *fine*

31 feurig — hohl

Which of the English words listed below is the nearest in meaning to the German word in brackets?

1 Spaniards are said to have very . . . temperaments. (**feurig**)
2 Fritz enjoys making the ladies . . . compliments. (**galant**)
3 Some of your ideas are really quite . . . (**genial**)
4 The soldiers got a medal for their . . . deeds in battle. (**glorreich**)
5 They have been married for thirty years and are still very . . . together. (**glücklich**)
6 What a . . . dancer she is! (**graziös**)
7 This ticket is no longer . . . (**gültig**)
8 Struck by lightning, the . . . tree fell to the ground. (**hohl**)

---

empty	*fortunate*
brilliant	*hollow*
fiery	*hot*
genial	*gallant*
lucky	*guilty*
valid	*loving*
graceful	*happy*
glorious	*gracious*

False friends

genial	‡	*genial*
◢ **glücklich**	‡	*lucky*
graziös	‡	*gracious*
gültig	‡	*guilty*

True friends

feurig	=	*fiery*
galant	=	*gallant*
glorreich	=	*glorious*
hohl	=	*hollow*

Key feurig — hohl

1 Spanier sollen ein **feuriges** Temperament haben.
   = *fiery*

   Note: *He has a hot temper.* = **Er ist jähzornig.**

2 Fritz genießt es, den Damen **galante** Komplimente zu machen.
   = *gallant*

3 Einige deiner Ideen sind einfach **genial.**
   = *brilliant*
   Cf. Our new neighbour seems to be a *genial* fellow.
   = **freundlich**

4 Die Soldaten bekamen einen Orden für ihre **glorreichen** Taten im Kampf.
   = *glorious*

5 Sie sind schon dreißig Jahre verheiratet und sind noch sehr **glücklich** zusammen.
   = *happy*
   Cf. I wonder if they know how *lucky* they are!
   = *glücklich*

   Note: *to be happy* = **glücklich, zufrieden sein**
      to be lucky, fortunate = **Glück haben**

6 Was für eine **graziöse** Tänzerin sie ist.
   = *graceful*
   Cf. How *gracious* of you to help us.
   = **gütig**

7 Diese Fahrkarte ist nicht mehr **gültig.**
   = *valid*
   Cf. The judge declared the accused *guilty.*
   = **schuldig**

8 Vom Blitz getroffen, fiel der **hohle** Baum zu Boden.
   = *hollow*

'Our new neighbour is a genial fellow.'

32 human — kräftig

Which of the English words listed below is the nearest in meaning to the German word in brackets?

1 Our society has become more . . . towards criminals. (**human**)
2 You look . . . (**hundemüde**)
3 Mary says the . . . husband doesn't exist. (**ideal**)
4 Fred's . . . manner is misleading. (**jovial**)
5 I told the salesman . . . ly that I didn't want to buy a hoover. (**kategorisch**)
6 I'm afraid I'm not . . . to answer that question. (**kompetent**)
7 Your arguments are not always . . . (**konsequent**)
8 Three . . . men helped us with the move. (**kräftig**)

idle	dog-tired
joyful	capable
competent	categorical
crafty	jovial
consistent	consequent
fatigued	hard
humane	human
strong	ideal

False friends

human	≠	*human*
konsequent	≠	*consequent*
kräftig	≠	*crafty*

True friends

hundemüde	=	*dog-tired*
ideal	=	*ideal*
jovial	=	*jovial*
kategorisch	=	*categorical(-ly)*
◢ **kompetent**	=	*competent*

Key human — kräftig

1 Unsere Gesellschaft ist viel **humaner** gegenüber
Kriminellen geworden.
= *humane*
Cf. The *human* brain is more complex than any
computer.
= **menschlich**

2 Du siehst **hundemüde** aus.
= *dog-tired*

3 Mary sagt, der **ideale** Ehemann existiert nicht.
= *ideal*

4 Freds **joviales** Auftreten ist irreführend.
= *jovial*

5 Ich habe dem Verkäufer **kategorisch** gesagt, daß ich keinen
Staubsauger kaufen wollte.
= *categorically*

6 Ich fürchte, ich bin in dieser Frage nicht **kompetent.**
= *competent*

▲   Note: She is a *competent* secretary. = **fähig**
           an *incompetent* teacher = **unfähig**

7 Deine Argumente sind nicht immer **konsequent.**
= *consistent*
Cf. Her dismissal was *consequent on* her bad work.
= **infolge von, folgerichtig**

8 Drei **kräftige** Männer haben uns beim Umzug geholfen.
= *strong*
Cf. He's as *crafty* as a fox.
= **schlau, listig**

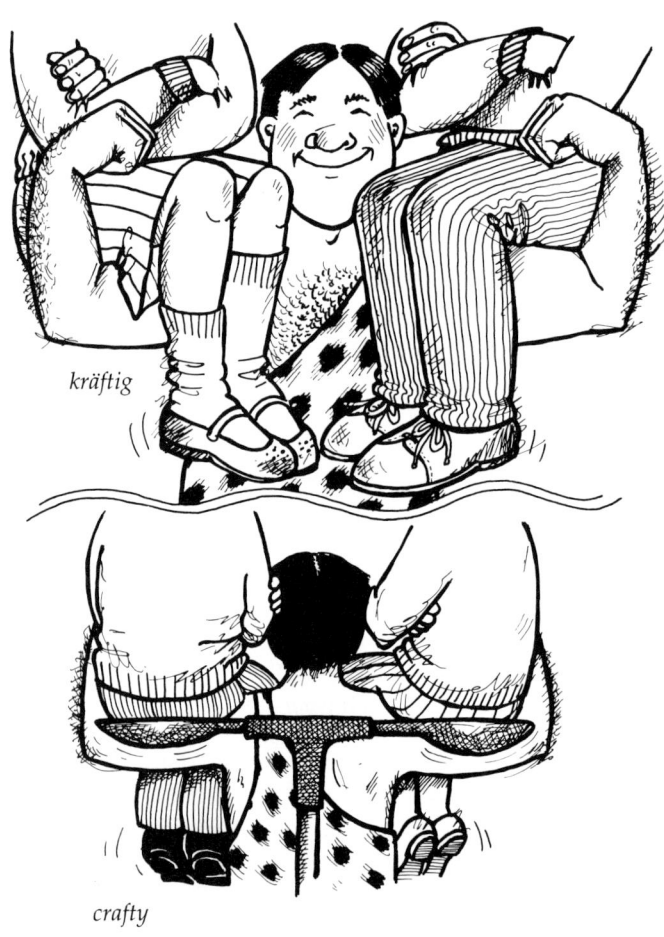

kräftig

crafty

33 kühn — massiv

Which of the English words listed below is the nearest in meaning to the German word in brackets?

1 I . . . ly asked him for an autograph. (**kühn**)
2 Everyone who goes to the opera considers himself . . . (**kultiviert**)
3 Where can I get some information about . . . events in this town? (**kulturell**)
4 To be quite honest, it was a . . . film. (**lausig**)
5 There is a lot of superstition about . . . people. (**linkshändig**)
6 The company is no longer . . . (**liquide**)
7 I don't find his antics very . . . (**lustig**)
8 The desk is made of . . . wood. (**massiv**)

cultural	massive
sinister	liquid
cultivated	solid
lousy	civilized
left-handed	solvent
cultured	funny
keen	dirty
bold	lusty

False friends

kühn	ǂ	*keen*
◢ **kultiviert**	ǂ	*cultivated*
◢ **liquide**	ǂ	*liquid*
lustig	ǂ	*lusty*
massiv	ǂ	*massive*

True friends

kulturell	=	*cultural*
lausig	=	*lousy*
linkshändig	=	*left-handed*

Key kühn — massiv

1 Ich bat ihn **kühn** um ein Autogramm.
    = *bold(-ly)*
    Cf. He's a *keen* worker.
    = **eifrig**

    Note: *to be keen to do sth.* = **erpicht darauf sein, etwas zu tun**

2 Jeder, der in die Oper geht, hält sich für **kultiviert**.
    = *cultured*
    Cf. The land hasn't been *cultivated*.
    = **kultiviert, bestellt**
    A friendship must be *cultivated*.
    = **kultiviert, gepflegt**

3 Wo erhalte ich Informationen über die **kulturellen** Veranstaltungen in dieser Stadt?
    = *cultural*

4 Um ganz ehrlich zu sein, es war ein **lausiger** Film.
    = *lousy* (sl.)

5 Um **linkshändige** Menschen gibt es viel Aberglauben.
    = *left-handed*

6 Die Firma ist nicht mehr **liquide**.
    = *solvent*
    Cf. That space vehicle is propelled by *liquid* fuel.
    = **flüssig**

    Note: *liquid assets*
        = **liquide Vermögenswerte**

7 Ich finde seine Possen nicht besonders **lustig**.
    = *funny*
    Cf. The baby gave a *lusty* cry.
    = **kräftig und gesund**

8 Der Schreibtisch ist aus **massiver** Eiche.
   = *solid*
   Cf. There are some *massive* buildings in New York.
   = **riesengroß, wuchtig**

Massive furniture

34 mittelalterlich — prekär

Which of the English words listed below is the nearest in meaning to the German word in brackets?

1 There are some pretty . . . houses in the old part of town. (**mittelalterlich**)
2 There was a(n) . . . meal at the wedding reception. (**nobel**)
3 Jim has a very . . . style of driving. (**offensiv**)
4 What a(n) . . . expression! (**ordinär**)
5 He made a rather . . . speech. (**pathetisch**)
6 We don't take his . . . advances seriously. (**plump**)
7 I admired the speaker's . . . mode of expression. (**prägnant**)
8 The economic situation can only be described as . . . (**prekär**)

mediaeval	*clumsy*
noble	*precarious*
vulgar	*aggressive*
pathetic	*ordinary*
plump	*middle-aged*
sumptuous	*pregnant*
offensive	*precious*
solemn	*precise*

False friends

mittelalterlich	≠	*middle-aged*
◢ nobel	≠	*noble*
◢ offensiv	≠	*offensive*
ordinär	≠	*ordinary*
pathetisch	≠	*pathetic*
plump	≠	*plump*
prägnant	≠	*pregnant*

True friends

prekär	=	*precarious*

Key mittelalterlich — prekär

1 Es gibt einige hübsche **mittelalterliche** Häuser in der
    Altstadt.
       = *mediaeval*
       Cf. The newspaper described her as a *middle-aged*
         mother of five.
       = **in den mittleren Jahren**

2 Es gab ein **nobles** Essen auf der Hochzeitsfeier.
       = *sumptuous*
       Cf. He is a man of *noble* birth.
       = **adlig**

◢   Note: It's very *noble* of you to help me.
         = **nobel, großzügig**

3 Jim hat eine sehr *offensive* Fahrweise.
       = **aggressive**
       Cf. I find your remarks *offensive*.
       = **beleidigend, anstößig**

◢   Note: *to take the offensive* = **die Offensive ergreifen**

4 Welch ein **ordinärer** Ausdruck!
       = *vulgar*
       Cf. *Ordinary* people can't afford Rolls Royces.
       = **durchschnittlich**
       A lot of famous people lead quite *ordinary* lives.
       = **gewöhnlich**

5 Er hielt eine ziemlich **pathetische** Rede.
       = *solemn*
       Cf. The film showed the *pathetic* faces of the starving
         children.
       = **mitleiderregend**
       He's such a *pathetic* character.
       = **bemitleidenswert**

6 Wir nehmen seine **plumpen** Annäherungsversuche nicht ernst.

> = *clumsy*
> Cf. Rubens had a preference for *plump* women.
> = **mollig**

7 Ich bewunderte die **prägnante** Ausdrucksweise des Sprechers.

> = *precise*
> Cf. His look was *pregnant* with meaning.
> = **bedeutungsvoll**
>
> Note: *a pregnant woman* = **eine schwangere Frau**

8 Die wirtschaftliche Lage kann man nur als **prekär** bezeichnen.

> = *precarious*

35 proper — rentabel

Which of the English words listed below is the nearest in meaning to the German word in brackets?

1 With his new hair cut he looks quite . . . (**proper**)
2 . . . measures must be taken soon. (**radikal**)
3 The police said it was a(n) . . . robbery. (**raffiniert**)
4 . . . fir trees surround the house. (**rank**)
5 We were forced to make a(n) . . . decision. (**rasch**)
6 My grandfather has some very . . . views on politics. (**reaktionär**)
7 Here you will find a large selection of second-hand cars at . . . prices. (**reell**)
8 The business proved to be most . . . (**rentabel**)

---

rentable	refined
reactionary	radical
rank	reactive
ingenious	real
neat	rash
quick	profitable
fair	proper
slender	basic

False friends

proper	‡	*proper*
raffiniert	‡	*refined*
rank	‡	*rank*
rasch	‡	*rash*
reell	‡	*real*
rentabel	‡	*rentable*

True friends

radikal	=	*radical*
reaktionär	=	*reactionary*

Key proper — rentabel

1 Mit seinem neuen Haarschnitt sieht er ganz **proper** aus.
  = *neat*
  Cf. 'Sniffy' isn't his *proper* name.
  = **richtig**

2 **Radikale** Maßnahmen müssen bald ergriffen werden.
  = *radical*

3 Die Polizei sagte, es wäre ein **raffinierter** Diebstahl.
  = *ingenious*
  Cf. She goes to great lengths to appear *refined*.
  = **vornehm**
  Wir hatten ein **raffiniertes Essen**.
  = *a meal with all the trimmings*

  Note: *crafty* can be used for **raffiniert** in a negative sense
  e.g. *a crafty fellow* = **ein raffinierter Bursche**

4 **Ranke** Tannen umgeben das Haus.
  = *slender*
  Cf. The grass and weeds grow *rank* in our garden.
  = **üppig**

5 Wir waren gezwungen, einen **raschen** Entschluß zu treffen.
  = *quick*
  Cf. It turned out to be a *rash* decision.
  = **übereilt, unüberlegt**

6 Mein Großvater hat einige sehr **reaktionäre** Ansichten über
  die Politik.
  = *reactionary*

7 Hier findet man eine große Auswahl an Gebrauchtwagen zu
   reellen Preisen.
   = *fair*
   Cf. *Real* life isn't like that.
   = **wirklich**
   It's *real* gold.
   = **echt**

8 Das Geschäft erwies sich als äußerst **rentabel**.
   = *profitable*
   Cf. Is the property *rentable*?
   = **zu mieten**

36 restlos—sinnvoll

Which of the English words listed below is the nearest in meaning to the German word in brackets?

1 The earthquake resulted in the . . . destruction of several towns. (**restlos**)
2 That's what I call a . . . trick! (**schäbig**)
3 The streets in the old part of town are . . . and winding. (**schmal**)
4 A . . . manner can hide many a weakness. (**selbstbewußt**)
5 Musicians and poets are usually very . . . people. (**sensibel**)
6 Mother always gets . . . when she talks about our childhood. (**sentimental**)
7 A . . . businessman would never get involved in such dealings. (**seriös**)
8 Each prisoner is given a . . . task to fulfil. (**sinnvoll**)

sentimental	*restless*
narrow	*self-conscious*
shabby	*sensitive*
respectable	*small*
sinful	*complete*
sensible	*sensible*
serious	*feeling*
self-confident	*shady*

False friends

restlos	‡	*restless*
schmal	‡	*small*
selbstbewußt	‡	*self-conscious*
sensibel	‡	*sensible*
seriös	‡	*serious*
sinnvoll	‡	*sinful*

True friends

schäbig	=	*shabby*
sentimental	=	*sentimental*

Key restlos—sinnvoll

1 Das Ergebnis des Erdbebens war die **restlose** Zerstörung
  mehrerer Städte.
> = *complete*
> Cf. I can't relax. I'm too *restless*.
> = **unruhig**

2 Das nenne ich einen **schäbigen** Trick.
> = *shabby*

> Note: *shabby clothes* = **schäbige Kleidung**

3 Die Straßen in der Altstadt sind **schmal** und kurvenreich.
> = *narrow*
> Cf. The houses there are very *small*.
> = **klein**

> Note: ein **schmaler** Mensch = a *slim* person

4 Ein **selbstbewußtes** Auftreten kann manch eine Schwäche
  verdecken.
> = *self-confident*
> Cf. It's quite normal to feel *self-conscious* in certain
>   situations.
> = **befangen**

5 Musiker und Dichter sind meistens sehr **sensible**
  Menschen.
> = *sensitive*
> Cf. It seemed quite a *sensible* decision.
> = **vernünftig**

6 Mutter wird immer **sentimental**, wenn sie über unsere
  Kindheit spricht.
> = *sentimental*

7 Ein **seriöser** Geschäftsmann würde sich nie in solche
Geschäfte verwickeln lassen.
> = *respectable*
> Cf. What's wrong? You look so *serious*.
> = **ernst**

> Note: **eine seriöse Firma** = *a reliable company*

8 Jeder Gefangene bekommt eine **sinnvolle** Aufgabe zu
erledigen.
> = *sensible, useful*
> Cf. What a *sinful* waste of money!
> = **sündhaft**

37 skrupellos — systematisch

Which of the English words listed below is the nearest in meaning to the German word in brackets?

1 The owner of the firm is known to be a completely . . . character. (**skrupellos**)
2 How can a . . . company like that go bankrupt? (**solide**)
3 I always feel so . . . on holiday! (**sorglos**)
4 Two . . . men moved the piano. (**stark**)
5 It's so . . . in this room. (**stickig**)
6 It has been a particularly . . . winter. (**streng**)
7 Our new teacher is a very . . . person. (**sympathisch**)
8 Let's make a . . . check of all points. (**systematisch**)

scrupulous	stark
careless	carefree
sound	solid
strong	unscrupulous
sticky	sympathetic
stuffy	systematic
strict	nice
severe	orderly

False friends

skrupellos	‡	*scrupulous*
solide	‡	*solid*
sorglos	‡	*careless*
stark	‡	*stark*
stickig	‡	*sticky*
streng	‡	*strong*
sympathisch	‡	*sympathetic*

True friends

systematisch	=	*systematic(ally)*

Key skrupellos — systematisch

1 Der Geschäftsinhaber ist bekannt als ein vollkommen
   skrupelloser Typ.
   = *unscrupulous*
   Cf. You couldn't imagine a more *scrupulous* worker
   than Smith.
   = **skrupulös, gewissenhaft, genau**

2 Wie kann eine so **solide** Firma pleite machen?
   = *sound*
   Cf. A building needs *solid* foundations.
   = **fest**

   Note: **solide Preise** = *reasonable prices*

3 Im Urlaub bin ich immer **sorglos**!
   = *carefree*
   Cf. A *careless* mistake cost him his life.
   = **leichtsinnig**
   a *careless* piece of work
   = **nachlässig**

4 Zwei **starke** Männer stellten das Klavier um.
   = *strong*
   Cf. The actress appeared *stark naked*.
   = **splitternackt**

   Note: a *stark* contrast = ein **starker** Kontrast

5 Es ist so **stickig** in diesem Zimmer.
   = *stuffy*
   Cf. The children's hands are *sticky* with sweets.
   = **klebrig**

6 Es ist ein besonders **strenger** Winter gewesen.
   = *severe*
   Cf. A *strong* wind blew our tent away.
   = **stark**

   Note: Mr. Jones is a *strict* teacher. = **streng**

7 Unser neuer Lehrer ist ein sehr **sympathischer** Mensch.
   = *nice*
   Cf. I feel most *sympathetic* about your problems.
   = **mitfühlend, mitleidend**

   Note: **Sie ist mir sympatisch.** = *I like her.*

8 Laß uns alle Punkte **systematisch** überprüfen.
   = *systematically*

A strong teacher

38 taktvoll — wohlmeinend

Which of the English words listed below is the nearest in meaning to the German word in brackets?

1 Try to be . . . and avoid offending her. (**taktvoll**)
2 The newspapers criticised the . . . tone of the play. (**tendenziös**)
3 The new boss is a rather . . . man. (**unsympathisch**)
4 The main function of the social welfare system is to help . . . persons. (**unterprivilegiert**)
5 The violinist gave a . . . performance. (**virtuos**)
6 My grandmother is over ninety but still very . . . (**vital**)
7 . . . women make him feel embarrassed. (**weinend**)
8 Some . . . person has tidied up my desk. (**wohlmeinend**)

---

well-meaning	*weeping*
underprivileged	*whining*
unsympathetic	*vital*
tendentious	*friendly*
well-opinioned	*political*
virtuous	*tactful*
disagreeable	*masterly*
anti-social	*lively*

False friends

unsympathisch	≠	*unsympathetic*
virtuos	≠	*virtuous*
◢ vital	≠	*vital*
weinend	≠	*whining*

True friends

taktvoll	=	*tactful*
tendenziös	=	*tendentious*
unterprivilegiert	=	*underprivileged*
wohlmeinend	=	*well-meaning*

Key taktvoll — wohlmeinend

1 Bemühe dich, **taktvoll** zu sein und vermeide es, sie zu
  beleidigen.
  > = *tactful*

2 Die Zeitungen kritisierten den **tendenziösen** Ton des
  Stücks.
  > = *tendentious*

3 Der neue Chef ist ein ziemlich **unsympathischer**
  Mann.
  > = *disagreeable*
  > Cf. When I told him my problems, he remained
  > *unsympathetic*.
  > = **teilnahmslos, ohne Mitleid**

  > Note: **Er ist mir unsympathisch** = *I don't like him.*

4 Die Hauptfunktion des sozialen Netzes ist es,
  unterprivilegierten Menschen zu helfen.
  > = *underprivileged*

5 Der Geiger spielte **virtuos**.
  > = *masterly*
  > Cf. Most religions teach us to be *virtuous*.
  > = **tugendhaft**

6 Meine Großmutter ist über neunzig, aber noch sehr
  vital.
  > = *lively, full of life*
  > Cf. Blood donating is a *vital* service.
  > = **lebensnotwendig**

  > Note: *vital interests* = **vitale Interessen**

7 **Weinende** Frauen bringen ihn in Verlegenheit.
      = *weeping*
      Cf. The *whining* dog kept us all awake.
      = **winselnd**

   Note: a *whining* person = **jammernd**
8 Eine **wohlmeinende** Person hat meinen Schreibtisch aufgeräumt.
      = *well-meaning*

39 absolvieren — bluffen

Which of the English words listed below is the nearest in meaning to the German word in brackets?

1 When will he finally . . . his studies? (**absolvieren**)
2 We'll . . . the car in Saturday's newspaper. (**annoncieren**)
3 Our mother prefers to . . . the bread herself. (**backen**)
4 If you are ready, we can . . . (**beginnen**)
5 My daughter hopes to . . . a kitten for Christmas. (**bekommen**)
6 Please . . . the information to yourself. (**bewahren**)
7 Some awful children . . . their parents wherever they go. (**blamieren**)
8 If he asks you anything, you should just . . . (**bluffen**)

---

announce	*complete*
become	*advertise*
trick	*blame*
keep	*begin*
bluff	*get*
beware	*cook*
bake	*show up*
continue	*absolve*

False friends

absolvieren	≠	*to absolve*
annoncieren	≠	*to announce*
bekommen	≠	*to become*
bewahren	≠	*to beware*
blamieren	≠	*to blame*

True friends

backen	=	*to bake*
beginnen	=	*to begin*
bluffen	=	*to bluff*

Key absolvieren — bluffen

1 Wann wird er endlich sein Studium **absolvieren**?
   = *complete*
   Cf. Only the priest can *absolve* you from your sins.
   = **freisprechen**

2 Wir werden den Wagen in der Samstag-Ausgabe der
   Zeitung **annoncieren**.
   = *advertise*
   Cf. Our boss is about to *announce* his retirement.
   = **ankündigen**

3 Unsere Mutter **backt** das Brot lieber selber.
   = *bakes*

4 Wenn Sie fertig sind, können wir **beginnen**.
   = *begin*

5 Meine Tochter hofft, zu Weihnachten ein Kätzchen zu
   bekommen.
   = *get*
   Cf. My son hopes to *become* a doctor when he leaves
   university.
   = **werden**

6 Bitte **bewahre** die Information für dich.
   = *keep*
   Cf. *Beware* of False Friends.
   = **hüte dich**

7 Manche bösen Kinder **blamieren** ihre Eltern überall, wo sie
   hinkommen.
   = *show up*
   Cf. Some children *blame* their parents for their failures
   in life.
   = **die Schuld geben**

8 Wenn er dich etwas fragt, solltest du einfach **bluffen**.
  = *bluff*

'He has announced the sale of his car.'

40 bringen — gründen

Which of the English words listed below is the nearest in meaning to the German word in brackets?

1 As he was going to town, I asked him to . . . a parcel to the post-office. (**bringen**)
2 The government has decided to . . . the wanted man. (**deportieren**)
3 The matter will . . . your full attention. (**erfordern**)
4 There is hardly anybody nowadays who really . . . during Lent. (**fasten**)
5 Look how the sails . . . in the wind. (**flattern**
6 Mary likes to . . . with the boys. (**flirten**)
7 Nobody expects you to . . . in everything. (**glänzen**)
8 A lot of capital will be necessary to . . . such a business. (**gründen**)

---

flatter	*bring*
diet	*deport*
ground	*shine*
play	*fasts*
export	*afford*
flirt	*take*
require	*found*
flutter	*glance*

False friends

▲ **bringen**	≠	*to bring*
erfordern	≠	*to afford*
flattern	≠	*to flatter*
glänzen	≠	*to glance*
gründen	≠	*to ground*

True friends

deportieren	=	*to deport*
fasten	=	*to fast*
flirten	=	*to flirt*

Key bringen — gründen

1 Da er in die Stadt gehen wollte, bat ich ihn, ein Paket zur
   Post zu **bringen.** (dorthin)
   > = *take*
   > Cf. How kind of you to *bring* me flowers.
   > = **bringen** (hierher)

2 Die Regierung hat sich entschlossen, den Gesuchten zu
   deportieren.
   > = *deport*

3 Die Sache wird Ihre ganze Aufmerksamkeit **erfordern**.
   > = *require*
   > Cf. We can't *afford* a new car.
   > = **sich leisten**

4 Heutzutage gibt es kaum noch Leute, die während der
   Fastenzeit tatsächlich **fasten**.
   > = *fast*

5 Schau, wie die Segel im Winde **flattern**.
   > = *flutter*
   > Cf. He's trying to *flatter* you with his compliments.
   > = **schmeicheln**

6 Es gefällt Mary, mit den Jungen zu **flirten**.
   > = *flirt*

7 Keiner erwartet von Ihnen, daß Sie auf allen Gebieten
   glänzen.
   > = *shine*
   > Cf. Just *glance* at this list.
   > = **einen schnellen Blick werfen**

8 Viel Kapital wird erforderlich sein, um ein solches Geschäft
   zu **gründen**.

> = *found*
>
> Cf. The company has given the order to *ground* all
> aircraft.
>
> = **stillegen** (Flugzeuge)

Note: **eine Familie gründen** = *to start a family*
   eine neue Partei gründen = *to set up a new party*

41 handeln — kontrollieren

Which of the English words listed below is the nearest in meaning to the German word in brackets?

1 You should . . . with the dealer before you buy the car. (**handeln**)
2 Is it necessary to have a licence to . . . ? (**hausieren**)
3 Concentrate on your driving and don't let the other cars . . . you. (**irritieren**)
4 It is important to . . . water pipes so that they don't burst. (**isolieren**)
5 Their voices . . . friendly. (**klingen**)
6 Shall I . . . you a cup of tea? (**kochen**)
7 I saw the two cars . . . (**kollidieren**)
8 The conductor is there to . . . the tickets. (**kontrollieren**)

---

handle	*insulate*
peddle	*irritate*
make	*house*
check	*sound*
isolate	*cook*
bargain	*run together*
cling	*control*
collide	*distract*

False friends

handeln	‡	*to handle*
hausieren	‡	*to house*
◢ **irritieren**	‡	*to irritate*
◢ **isolieren**	‡	*to isolate*
klingen	‡	*to cling*
◢ **kochen**	‡	*to cook*
◢ **kontrollieren**	‡	*to control*

True friends

kollidieren	=	*to collide*

Key handeln — kontrollieren

1 Du solltest mit dem Händler **handeln**, bevor du den Wagen kaufst.
   = *bargain*
   Cf. You should *handle* your books with care.
   = **umgehen mit, handhaben**

   Note: Die Polizei muß sofort **handeln**.
        = The police must *take action* now.

2 Ist es erforderlich, eine Erlaubnis zu haben, um **hausieren** zu dürfen?
   = *peddle*
   Cf. The gallery *houses* a fine collection of pictures.
   = **unterbringen**

3 Konzentriere dich auf das Fahren und laß dich nicht durch die anderen Autos **irritieren**.
   = *confuse, distract* (ablenken)
   Cf. Cigarette smoke can *irritate* the eyes.
   = **reizen**
   Your habits *irritate* me.
   = **irritieren** (ärgern)

4 Es ist wichtig, Wasserrohre zu **isolieren**, um Rohrbrüche zu vermeiden.
   = *insulate*
   Cf. We must *isolate* the sick man.
   = **isolieren** (räumlich trennen)

5 Ihre Stimmen **klingen** freundlich.
   = *sound*
   Cf. Many people *cling* to their faith.
   = **sich festklammern**

6 Soll ich dir eine Tasse Tee **kochen**?
    = *make*
    Cf. Who's turn is it to *cook* the lunch?
    = **kochen** (to prepare food)

    Note: *to boil* is to cook liquids or solids in liquid at
           100 °C.

7 Ich sah die beiden Autos **kollidieren**.
    = *collide*

8 Der Schaffner ist da, um die Fahrkarten zu **kontrollieren**.
    = *check* (überprüfen)
    Cf. This lever *controls* the speed of the engine.
    = **regulieren, steuern**
    You must *control* your temper.
    = **beherrschen**
    Her husband *controls* every penny she spends.
    = **kontrollieren** (überwachen)

42 lösen — profitieren

Which of the English words listed below is the nearest in meaning to the German word in brackets?

1 There are few problems that we cannot . . . (**lösen**)
2 Our teacher has given us a lot of homework to . . . by tomorrow. (**machen**)
3 A lot of people . . . the word 'chronic'. (**mißbrauchen**)
4 A mouse has tried to . . . a hole in the cupboard door. (**nagen**)
5 Brothers and sisters like to . . . each other. (**necken**)
6 I was able to . . . the unwelcome questions successfully. (**parieren**)
7 The dentist asked me to . . . and open wide. (**Platz nehmen**)
8 Most of our pupils would . . . from a summer language course. (**profitieren**)

---

abuse	make
take place	solve
misuse	parry
neck	do
gnaw	lose
benefit	nag
sit down	tease
profiteer	prevent

False friends

lösen	ǂ	*to lose*
machen	ǂ	*to make*
nagen	ǂ	*to nag*
necken	ǂ	*to neck*
Platz nehmen	ǂ	*to take place*
profitieren	ǂ	*to profiteer*

True friends

mißbrauchen	=	*to misuse*
parieren	=	*to parry*

Key lösen — profitieren

1 Es gibt wenige Probleme, die wir nicht **lösen** können.
     = *solve*
     Cf. I hope we don't *lose* the match.
     = **verlieren**

     Note: eine Fahrkarte **lösen** = to *buy* a ticket.

2 Unser Lehrer hat uns viele Hausaufgaben gegeben, die wir
   bis morgen **machen** müssen.
     = *do*
     Cf. The teacher *makes* the exercises for the pupils to do.
     = **machen**

     Note: *to do* is often used to mean **erledigen**
              e.g. *to do the shopping*
              to make is often used to mean **(etwas) herstellen**
              e.g. *to make a cake*

3 Viele Leute **mißbrauchen** das Wort „chronic".
     = *misuse*

     Note: **falsch anwenden** = *to misuse*
              falsch oder **schlecht behandeln, mißhandeln**
              = *to misuse* or *to abuse*
              beschimpfen = *to abuse*

4 Eine Maus hat versucht, ein Loch in die Schranktür zu
   nagen.
     = *gnaw*
     Cf. It is not uncommon for wives to *nag* their husbands.
     = **herumnörgeln an**

5 Geschwister **necken** sich gern.
> = *tease*
> Cf. In some countries it is forbidden for couples to *neck*
> in public.
> = **schmusen** (coll.)

6 Es ist mir gelungen, die unangenehmen Fragen zu
parieren.
> = *parry*

7 Der Zahnarzt bat mich, **Platz zu nehmen** und den Mund
weit aufzumachen.
> = *sit down*
> Cf. When is the ceremony to *take place*?
> = **stattfinden**

8 Die meisten unserer Schüler würden vom einem
Sommersprachkursus **profitieren**.
> = *benefit*
> Cf. In times of crisis there are always people who
> *profiteer*.
> = **Schieber-** oder **Wuchergeschäfte machen**

Nagging a hole in the cupboard door

43 prüfen — spenden

Which of the English words listed below is the nearest in meaning to the German word in brackets?

1 Would you . . . the oil level, please? (**prüfen**)

2 Are there really women who . . . ? (**ringen**)

3 It is a crime to . . . an animal into Britain. (**schmuggeln**)

4 The exchange rates . . . from day to day. (**schwanken**)

5 Children often . . . (**schwindeln**)

6 The BBC will . . . the programme live tomorrow evening. (**senden**)

7 We had better . . . our money for the holiday. (**sparen**)

8 Everyone should . . . generously to this good cause. (**spenden**)

swank	vary
send	spend
swindle	ring
donate	spare
tell lies	prove
burgle	save
broadcast	check
wrestle	smuggle

False friends

prüfen	≠	*to prove*
ringen	≠	*to ring*
schwanken	≠	*to swank*
schwindeln	≠	*to swindle*
senden	≠	*to send*
sparen	≠	*to spare*
spenden	≠	*to spend*

True friends

| schmuggeln | = | *to smuggle* |

Key prüfen — spenden

1 Würden Sie bitte den Ölstand **prüfen**?
   = *check*
   Cf. Can you *prove* the accusation?
   = **beweisen**

   Note: The examiners have to *test* fifteen candidates
          today. = **prüfen**

2 Gibt es tatsächlich Frauen, die **ringen**?
   = *wrestle*
   Cf. Will you *ring* me up tomorrow?
   = **anrufen**
   Ring the bell.
   = **klingeln**

3 Es ist ein Verbrechen, ein Tier nach Großbritannien zu
   schmuggeln.
   = *smuggle*

4 Die Wechselkurse **schwanken** von Tag zu Tag.
   = *vary*
   Cf. The way the neighbours swank with their new
      things is sickening!
   = **angeben**

   Note: He *wavers* too much in his opinions.
          = **schwanken**

5 Kinder **schwindeln** oft.
   = *tell lies*
   Cf. The con man was able to *swindle* a lot of people with
      his tricks.
   = **betrügen**

6 Die BBC wird die Sendung morgen „live" **ausstrahlen/
senden**.
>   = *broadcast*
>   Cf. We can *send* Jim to fetch a crate of beer.
>   = **schicken**
>
>   Note: *to send a letter* = **einen Brief senden**

7 Wir sollten unser Geld lieber für die Ferien **sparen**.
>   = *save*
>   Cf. *Spare* me your excuses.
>   = **verschonen**

8 Jeder sollte für diesen guten Zweck großzügig **spenden**.
>   = *donate*
>   Cf. We *spend* most of our money on the car.
>   = **ausgeben**
>   Where do you usually *spend* your holidays?
>   = **verbringen**

44 stehlen—wundern

Which of the English words listed below is the nearest in meaning to the German word in brackets?

1 The youths broke into the house to . . . money and jewellery. (**stehlen**)
2 Try to speak more slowly and then perhaps you won't . . . (**stottern**)
3 It is difficult to . . . the present situation. (**überblicken**)
4 We often . . . the alarm clock. (**überhören**)
5 Jim will . . . his father's business when he comes of age. (**übernehmen**)
6 The boss is afraid that we want to . . . his authority. (**unterminieren**)
7 At the weekends I like to . . . in the hills. (**wandern**)
8 I would . . . if he were still to come. (**wundern**)

---

wonder	*rob*
overhear	*overtake*
wander	*stagger*
overlook	*hike*
take over	*undermine*
stutter	*be surprised*
assess	*undervalue*
steal	*don't hear*

False friends

überblicken	≠	*to overlook*
überhören	≠	*to overhear*
übernehmen	≠	*to overtake*
wandern	≠	*to wander*
◢ **wundern**	≠	*to wonder*

True friends

stehlen	=	*to steal*
stottern	=	*to stutter*
unterminieren	=	*to undermine*

Key stehlen—wundern

1 Die Jugendlichen brachen in das Haus ein, um Geld und
   Schmuck zu **stehlen**.
   > = *steal*

   > Note: to *rob* a person of something
   > > = jemanden einer Sache **berauben**

2 Bemühe dich, langsamer zu sprechen, dann wirst du
   vielleicht nicht **stottern**.
   > = *stutter*

3 Es ist schwierig, die jetzige Lage zu **überblicken**.
   > = *assess*
   > Cf. How could you *overlook* such an obvious mistake?
   > = **übersehen**

   > Note: The room *overlooks* the sea.
   > > = Das Zimmer **hat einen Ausblick** auf das Meer.

4 Wir **überhören** oft den Wecker.
   > = *don't hear*
   > Cf. When did you *overhear* their conversation?
   > = **zufällig hören** (nicht mit Absicht)

5 Jim wird das Geschäft seines Vaters **übernehmen**, sobald er
   volljährig ist.
   > = *take over*
   > Cf. It is dangerous to *overtake* here.
   > = **überholen**

6 Der Chef fürchtet, daß wir seine Autorität **unterminieren**
   wollen.
   > = *undermine*

7 Am Wochenende gehe ich gern in den Bergen **wandern**.
  = *hike*
  Cf. We can *wander* through the streets and look at the shops.
  = **schlendern, bummeln**

  Note: *to wander about* = **umherziehen, herumirren**

8 Es sollte mich **wundern**, wenn er noch käme.
  = *to be surprised*
  Cf. I *wonder* where he gets his money from.
  = **sich fragen**
  I *wonder* at his nerve.
  = Seine Frechheit **wundert mich.** (staunen über)

False Friends

Nouns	≠	=
Achsel	*axle*	shoulders
Affekt	*effect*	passion
Aktion	*action*	campaign
Alkoholika	*alcoholics*	alcoholic drinks
Allee	*alley*	avenue
Ambulanz ◢	*ambulance*	out-patients' department
Annonce ◢	*announcement*	advertisement
Antiquität	*antiquity*	antique
Arsen	*arson*	arsenic
Art	*art*	way, sort
As	*ass*	ace
Bank ◢	*bank*	bench
Baracken	*barracks*	huts
Billion ◢	*billion* (AE)	a million million
Biskuit	*biscuit*	sponge cake
Bouillon	*bullion*	broth
Bowle	*bowl*	punch, cup
Brücke	*brook*	bridge
Büro ◢	*bureau*	office
Chef	*chef*	boss
Christ	*Christ*	Christian
City	*city*	(town) centre
Dame	*dame*	lady
Daten ◢	*dates*	data
Dekan	*deacon*	dean
Delikatesse	*delicatessen*	delicacy
Diäten ◢	*diets*	allowance
Direktion	*direction*	management
Dom	*dome*	cathedral

	≠	=
Erlaubnis	*allowance*	permission
Etikett	*etiquette*	label
Exemplar	*example*	copy
Existenz ◢	*existence*	living
Fabrik	*fabric*	factory
Fehler	*failure*	mistake
Fieber ◢	*fever*	temperature
Fleisch ◢	*flesh*	meat
Flur	*floor*	hall, corridor
Formular	*formula*	form
Fotograf	*photograph*	photographer
Fraktion	*fraction*	faction
Gasthaus	*guesthouse*	hotel, restaurant
Gaumen	*gums*	palate
Gemeinsinn	*common sense*	public spirit
Genie	*genie*	genius
Gift	*gift*	poison
Glanz	*glance*	brightness
Gratifikation	*gratification*	bonus
Gymnasium	*gymnasium*	grammar school (BE), high school (AE)
Haare ◢	*hairs*	hair
Hausaufgaben	*housework*	homework
Hausmeister	*housemaster*	caretaker
Hochschule	*high school*	college, university
Igel	*eagle*	hedgehog
Immobilien	*immobility*	real estate
Inventar	*inventor*	inventory
Isolierung ◢	*isolation*	insulation
Justiz	*justice*	legal system
Karte ◢	*card*	ticket
Kaution	*caution*	bail, deposit

	‡	=
Kerbe	*kerb*	notch
Kekse	*cakes*	biscuits
Kittchen	*kitchen*	clink
Klosett	*closet* (AE)	lavatory
Kollege	*college*	colleague
Komfort	*comfort*	luxury, mod. cons
Kommissionär	*commissionaire*	agent
Kondition ◢	*condition*	shape
Konfektionär	*confectioner*	outfitter
Konfession	*confession*	denomination
Konkurrenz	*concurrence*	competition
Konvent	*convent*	convention
Konzept	*concept*	draft
Kost	*cost*	food
Krabbe	*crab*	prawn
Kraft	*craft*	strength
Kredit ◢	*credit*	loan
Kritik	*critic*	criticism
Landschaft ◢	*landscape*	countryside
Lektüre	*lecture*	reading material
List	*list*	ruse, trick
Lot	*lot*	plumbline
Lust	*lust*	desire
Magistrat	*magistrate*	town council
Mappe	*map*	folder
Marine ◢	*marine*	navy
Marmelade ◢	*marmalade*	jam
Meinung	*meaning*	opinion
Menü	*menu*	meal of the day
Mist	*mist*	dung
Moral ◢	*moral*	morale, morals
Mörder	*murder*	murderer
Nacken	*neck*	back of the neck

	‡	=
Note	*note*	mark
Notizen	*notices*	notes
Novelle	*novel*	short story
Personal	*personal*	personnel
Pest	*pest*	plague
Phantasie ◢	*fantasy*	imagination
Photographie	*photography*	photograph
Plastik ◢	*plastic*	sculpture
Politik ◢	*politics*	policy
Pony	*pony*	fringe (BE), bangs (AE)
Probe	*probe*	test, sample
Profil ◢	*profile*	tread
Programm ◢	*programme*	channel
Promotion	*promotion*	doctorate
Prospekte	*prospects*	brochures
Provisionen	*provisions*	commission
Prozeß ◢	*process*	trial
Publikum ◢	*public*	audience, spectators
Raten	*rates*	instalments
Rente	*rent*	pension
Ressort	*resort*	department
Rezept ◢	*recipe*	prescription
Roman	*Roman*	novel
Rückseite	*backside*	back
Salat ◢	*salad*	lettuce
Schal	*shawl*	scarf
Schellfisch	*shellfish*	haddock
Schwester ◢	*sister*	nurse
Selbstbewußtsein	*self-consciousness*	self-confidence
Sentenzen	*sentences*	aphorisms
Singles	*singles*	single people
Slipper	*slipper*	slip-on shoe
Smoking	*smoking*	dinner jacket, tuxedo
Soldat ◢	*soldier*	serviceman

	ǂ	=
Speisen	*spices*	dishes
Spektakel	*spectacle*	uproar
Spiel	*play*	game
Spleen	*spleen*	craze
Spur	*spur*	trace
Stadium	*stadium*	stage
Stern	*stern*	star
Stipendium	*stipend*	grant
Stock	*stock*	floor, stick
Stoff ◢	*stuff*	material
Stores	*stores*	net curtains
Strom	*stream*	river
Studium	*study*	studies
Stuhl ◢	*stool*	chair
Tablett	*tablet*	tray
Tachometer	*tachometer*	speedometer
Tafel	*table*	blackboard
Takt	*tact*	time, rhythm
Technik ◢	*technique*	technology
Tendenz ◢	*tendency*	bias
Thema ◢	*theme*	topic
Trubel	*trouble*	bustle
Turnen	*turns*	P.T.
Unternehmer	*undertaker*	entrepreneur
Vers ◢	*verse*	line
Wall	*wall*	rampart
Wand	*wand*	wall
Warenhaus	*warehouse*	department store
Wärter	*waiter*	keeper, warden
Weste ◢	*vest*	waistcoat
Zensur	*censure*	censorship
Ziel	*zeal*	aim
Zirkel	*circle*	(a pair of) compasses
Zylinder ◢	*cylinder*	top hat

‡   =

Adjectives and Adverbs

aktuell	*actual*	topical
apart	*apart*	smart
ausländisch	*outlandish*	foreign
blank	*blank*	shiny
brav	*brave*	good
breit	*bright*	wide
delikat ◢	*delicate*	exquisite
dementiert	*demented*	denied
dezent	*decent*	unobtrusive
dick ◢	*thick*	fat
energisch	*energetic*	vigorous
engagiert	*engaged*	involved, dedicated
erfreut	*afraid*	pleased
eventuell	*eventually*	possible
familiär	*familiar*	personal
famos	*famous*	excellent
fatal	*fatal*	unfortunate
genial	*genial*	brilliant
glücklich ◢	*lucky*	happy
graziös	*gracious*	graceful
gültig	*guilty*	valid
human	*human*	humane
konsequent	*consequent*	consistent
kräftig	*crafty*	strong
kühn	*keen*	bold
kultiviert ◢	*cultivated*	cultured
liquide ◢	*liquid*	solvent
lustig	*lusty*	funny

	ǂ	=
massiv	*massive*	solid
mittelalterlich	*middle-aged*	mediaeval
nobel ◢	*noble*	sumptuous
offensiv ◢	*offensive*	aggressive
ordinär	*ordinary*	vulgar
pathetisch	*pathetic*	solemn
plump	*plump*	clumsy
prägnant	*pregnant*	precise
proper	*proper*	neat
raffiniert	*refined*	ingenious, crafty
rank	*rank*	slender
rasch	*rash*	quick
reell	*real*	fair
rentabel	*rentable*	profitable
restlos	*restless*	complete
schmal	*small*	narrow
selbstbewußt	*self-conscious*	self-confident
sensibel	*sensible*	sensitive
seriös	*serious*	respectable
sinnvoll	*sinful*	useful, sensible
skrupellos	*scrupulous*	unscrupulous
solide	*solid*	sound
sorglos	*careless*	carefree
stark ◢	*stark*	strong
stickig	*sticky*	stuffy
streng	*strong*	severe, strict
sympathisch	*sympathetic*	nice
unsympathisch	*unsympathetic*	disagreeable
virtuos	*virtuous*	masterly
vital	*vital*	lively
weinend	*whining*	weeping

Verbs	‡	=
absolvieren	*absolve*	complete
annoncieren	*announce*	advertise
bekommen	*become*	get
bewahren	*beware*	keep
blamieren	*blame*	show up
bringen ◢	*bring*	take
erfordern	*afford*	require
flattern	*flatter*	flutter
glänzen	*glance*	shine
gründen	*ground*	found
handeln	*handle*	bargain
hausieren	*house*	peddle
irritieren ◢	*irritate*	distract
isolieren ◢	*isolate*	insulate
klingen	*cling*	sound
kochen ◢	*cook*	make, boil
kontrollieren ◢	*control*	check
lösen	*lose*	solve
machen ◢	*make*	do
nagen	*nag*	gnaw
necken	*neck*	tease
Platz nehmen	*take place*	sit down
profitieren	*profiteer*	benefit
prüfen	*prove*	check, test
ringen	*ring*	wrestle
schwanken	*swank*	vary, waver
schwindeln	*swindle*	tell lies
senden ◢	*send*	broadcast

	≠	=
sparen	*spare*	save
spenden	*spend*	donate
überblicken	*overlook*	survey
überhören	*overhear*	not hear
übernehmen	*overtake*	take over
wandern	*wander*	hike
wundern ◢	*wonder*	be surprised